我的青春我的梦
全国中学生校园美文精品集萃丛书

少年自负，心有凌云笔

世界向东我向西

《中学生博览》杂志社 选编

时代文艺出版社

图书在版编目（CIP）数据

世界向东我向西/《中学生博览》杂志社选编. —长春：时代文艺出版社，2018.8（2023.6重印）

（"我的青春我的梦"全国中学生校园美文精品集萃丛书）

ISBN 978-7-5387-5709-5

Ⅰ.①世… Ⅱ.①中… Ⅲ.①作文－中学－选集 Ⅳ.①H194.5

中国版本图书馆CIP数据核字（2018）第004293号

出 品 人　陈　琛
产品总监　郭力家
责任编辑　王　峰
助理编辑　史　航
装帧设计　李　斌
排版制作　隋淑凤

本书著作权、版式和装帧设计受国际版权公约和中华人民共和国著作权法保护
本书所有文字、图片和示意图等专有使用权为时代文艺出版社所有
未事先获得时代文艺出版社许可
本书的任何部分不得以图表、电子、影印、缩拍、录音和其他任何手段
进行复制和转载，违者必究

世界向东我向西

《中学生博览》杂志社　选编

出版发行/时代文艺出版社
地址/长春市福祉大路5788号　龙腾国际大厦A座15层　邮编/130118
总编办/0431-81629751　发行部/0431-81629758
官方微博/weibo.com/tlapress
印刷/北京一鑫印务有限责任公司
开本/700mm×980mm　1/16　字数/153千字　印张/11
版次/2018年8月第1版　印次/2023年6月第5次印刷　定价/34.80元

图书如有印装错误　请寄回印厂调换

编委会

编委会主任：刘翠玲　夏野虹　高　亮
编　　　委：宁　波　孟广丽　张春艳
　　　　　　李鹏修　苗嘉琳　姜　晶
　　　　　　王　鑫　李冬娟　王守辉

目 录

世界向东我向西

世界向东我向西 .... 苏 姮 / 002

孤独盛开，你肯自来？........ bottle / 004

流感与心魔 .... 宠物酱 / 006

徐妍减肥记 .... 纪艺娴 / 009

两人一马，明日天涯 .... 蓝格子 / 013

你是我的小确幸，也是远方 .... 翁翁不倒 / 016

我是鸡汤 .... 夏小正 / 019

我只是恰好路过她的岛屿

暗疾 .... 杜克拉草 / 022

悟空总要离开猪八戒 .... 二氧化硼 / 030

烟火温柔的楼道 .... 暖纪年 / 038

最后那颗夕阳 .... 砖 / 047

那年苏州，春意正浓

那年苏州，春意正浓 .... 莫小扬 / 058

那些年，我们深夜吃过的美食 .... 林 11 / 062

相杀记 .... 齐花墨 / 066

生管 .... 三八四十一 / 071

一无所有的年纪有着最亲爱的你 .... 杨欣妍 / 074

你快乐的样子就很潇洒 .... 走 之 / 077

最美的时光，最美的你

最美的时光，最美的你 .... 理 樵 / 082

有一个姑娘 .... 方 恳 / 085

那些不愿看见的目送 .... 林桔莹 / 088

我的弟弟叫"二信" .... 南方丸子 / 091

我的朋友陌浅狸 .... 惟 念 / 097

你曾经来过，你悄悄走远

你曾经来过，你悄悄走远 .... 理 樵 / 102

遗失的美好 .... 趋 早 / 106

是不是有这么一件校服 .... 高小方 / 111

桂花巷里的旧时光 .... 郭海怡 / 114

我是一个普通的小孩儿 .... 卢菇菇 / 116

我们都曾是谁昨日最亲的某某 .... 萌兔子 / 119

于千万人之中偶遇

于千万人之中偶遇 ....7　乐 / 124

回忆迢迢，你终将告别 .... 八　蟹 / 129

哪怕有微弱的星光，也要向前奔跑 .... 李纳米 / 136

相思寄与谁 .... 懵瞳懵了 / 138

凉拌高考 .... 莫小西 / 142

小酒窝 .... 舒　阳 / 147

从你的全世界错过 .... 夕小白 / 151

我们那年的梦想，是最璀璨的阳光 .... 夏南年 / 154

秘密埋进湖心岛 .... 小　桐 / 158

短发·牙套·相机 .... 钟龙熙 / 162

世界向东我向西

　　我不喜欢随着大流去飘荡，那不是我想要的未来。我的未来可能没有博士生的成就，没有CEO的财富，自己选的道路也一定会有坡。哪怕是失败的时候我也可以对着我的青春喊一声，世界我跟你对着干了！

世界向东我向西

苏 桓

作为全学年英语排名第一的班级，英语课必须上得有特色。亲爱的陈老师身为老班、身为副校长，带领我们用十五分钟的时间唱英文歌，二十分钟的时间扯家常谈理想，还剩下五分钟，才正式开始讲课。我一直在想英语考试是不是在拼人品，我们班这些文静又可爱的孩子人品太好了，一定是这样！

老班占着自己的英语课跟我们谈人生，"我有一个侄子，他中学的时候学习真的是一点儿都不好，后来就去当了兵，当兵回来后开了家手机店，说出来你们都不信，他一年能卖三十万，多亏这一张嘴啊……"对于上述一大段话，其实我的内心是崩溃的，学习不好去当兵，当兵回来卖手机，这都是什么逻辑啊！

听老班把她亲戚朋友的事迹都讲了一遍之后我突然决定——我不念了！我要献身于写作，说不准突然就一篇文章写火了，成了什么"00后"少女作家，然后再有导演看我长得还算过得去，找我去拍广告，然后又在电影界成了一代影后，最后收心写剧本，成了世界著名的导演！哦，完美！在我跟我妈妈说了这个道路之后，她笑了整整五分钟，跟我说："按你这么讲，好像真的是这个样子，哈哈哈哈哈哈……"妈妈，你别骗我，我真的不是你充话费赠的吗？

其实这样的想法也是经过深思熟虑的，以我现在学年前十的成绩考重点高中不是问题,只要高中一直努力,说不定211都不在话下,清华北大都会抢我,再接着呢?毕了业,找了个好工作,年薪一百多万,然后找个好人嫁了,再过七八十年,我这辈子就算差不多了。

　　亲戚总说看我小时候就觉得我肯定错不了,小姑娘长得就机灵,脑袋也聪明。是啊,按照上述说法,我就要埋没在年薪一百万的人海里了,这一辈子我就要跟着整个世界向东走,几十年就这么以高质量的平庸生活结束了,这让我怎么甘心!还有这么多的青春等着我去挥霍呢!

　　那句话怎么说的来着,稀奇的不是情侣秀恩爱,土豪秀金钱,学霸秀成绩,怕的就是情侣秀金钱,土豪秀成绩,学霸秀恩爱,虐我们普通青年一身血啊!

　　我的意思并不是说每个人都要显现出另类,只是在自己喜欢的道路上做自己喜欢的事,别让世界成为自己的羁绊,世界向东,我向西,我就是想站出来,做我自己的梦。

　　我不喜欢随着大流去飘荡,那不是我想要的未来。我的未来可能没有博士生的成就,没有CEO的财富,自己选的道路也一定会有坡,可是如果没有那所谓的异想天开就不会有现在的马云了。哪怕是失败的时候我也可以对着我的青春喊一声:"世界我跟你对着干了!"

　　不过我现在还是要脚踏实地做好眼前的事,继续滚去刷题了。

　　梦想还未满,我不能放弃!

孤独盛开，你肯自来？

bottle

前阵子有个朋友让我去看一个帖子，《一审判决你无罪，二审由我亲自了结》，楼主文笔很好，故事真假不论，精彩是挺精彩的。当我第一次看到东野圭吾的《白夜行》出现的时候，心里震惊了一下。当第二次出现东野君《嫌疑人X的献身》的时候，我有点儿心疼。当出现《时生》《恶意》《分身》等的时候，我控制不住自己内心的洪荒之力，打开QQ对那个推荐我帖子的小可爱吧啦吧啦地讲了一大堆关于东野圭吾的话，"《白夜行》简直是我东野大大的巅峰力作没有之一啊，但是近来最好的就只有《解忧杂货店》了……好遗憾啊。"我噼里啪啦地讲完一堆后，小可爱对我说："泡啊，我听不懂你在讲什么……"

我：……

一瞬间的感觉吧，孤独。

以前上课的时候，有个英语老师，他在课堂上讲了一个东西，我们全班人静悄悄地、眼巴巴地望着他，他目光巡视全班，然后低头叹了口气说了一句："太孤独了。"接着又抬起头，声音依然充满活力地说："下次我再提到某样东西，你们就算不知道也要附和我一句'哦，原来是那个××啊'，知道吗？我们都说好。"他很有趣，上他的课很轻松，所以对他的这种看似很奇怪的要求我们只会当成一个好玩的点去接受。

第二天他当真又提到了，然后看着我们，有个声音说："哦，是那个啊……"其他人一会意也接二连三地说原来是那个啊。他笑了起来，摇摇头继续讲课。

经常听到有人讲习惯自己一个人了。我也经常这样讲，但我身边并不缺朋友，不多，这几个就足矣了，就像很久前有人对我说，找一个圈子不求亲密无间，可以友好交谈就好了。

我可以盯着桌子上的一只蚂蚁几个小时；我可以在游戏里，看着我玩的角色，就让她站在一个地点，一站几个小时，我也只是看着她一动不动；我可以一个人搬家一个人住进新的房子里，远离市中心，简单的几样家具，过起知晓明日每一分钟在做什么的生活。

这些我都不觉得孤独。

看岛田庄司的《斜屋犯罪》的时候，御手洗直到情节已经过了五分之三了才出现，出现的时候我就忍不住笑起来，太喜欢这个人了，他太可爱了。一边看一边忍不住拍照分享给我一个好友，但是没等我说完，她就发了一个截图打断了我的话语，又是一瞬间吧，在奶茶店过低的空调里，握着手机，看着对话内容，鼻子酸酸的。

我并不怕一个人生活，也不怕物质贫乏。可是，我还是想找到一个人，和我在某个喜好上"情投意合"，哪怕，只是每天听听歌也可以互相分享欢笑的。

哦，最近中了网易云音乐的毒，每天都要去听每日推荐私人FM，一边听一边看评论，那里聚集了很多有意思的人，大概，听歌能找到有共鸣的人，也是一种孤独的乐趣？

嗯……御手洗真的很萌。

流感与心魔

宠物酱

有的人采取应激性行为时，会突然地脑袋空白然后弯下腰用力抱紧自己。

我读高一那会儿，正值甲流。隔壁班男生宿舍三人发高烧，整班都放假。早上我喉咙隐约有点儿不舒服，打完疫苗时，整个人已经飘飘然，直到午休过后，我双腿无力地走进教室时，燕寒老早就坐在座位上等着给我测体温。第一次测的是35℃，燕寒又重新摆弄下让我测，温度是38.5℃。

一个人走出教室时，舍友雅君紧张地跟我说："一定要记得跟老师说，你是原本感冒不小心打了疫苗才引起的。"班主任让我填请假单时，离我一米远，一点儿解释都没听。我打电话给我妈时，她电话里直接把我骂哭了。我问："你来接我吗？"

忘记那一天是怎样的天气，保安在接过单子时，连忙开了门让我走出去，我发着高烧看着路上的车来来往往，走了近四十分钟的路还没到村门口。我妈骑着摩托把我载去诊所，便回家煮饭去了。当天夜晚打完两瓶点滴时，烧已经退了，不想没躺一会儿，又烧起来了。就这样反反复复高烧不断，医生说，再这样下去要加大药量了。我妈索性把我载回家，盖了两层棉被，我冒着冷汗，她仍旧骂骂咧咧。

烧终于退了，可胃里什么东西都吃不下去，我妈强给我灌了一碗鸡汤。我梦魇了，下床时直接眼一黑晕倒。我妈连忙把我送往另外一家诊所，诊所里的年轻医生狠狠地批评了我妈给虚弱病人强灌鸡汤的行为。我在诊所里打营养剂，回家时，医生给我开了中药，我妈连忙说"不用了"就急急忙忙地把我载回家。

不出几天，我又被我妈送进其他家诊所。最后我脑袋空白地弯下腰用力抱紧自己手脚抽搐时，我妈这才把我送进医院。

我妈神经兮兮地把我送进流感站，医生臭骂了我妈一顿，而那时我身旁刚好有一对家长带着一个女孩儿，那女孩儿不过五六岁，体温测量超过了37.5℃，她全身上下被包得严严实实，只剩一双眼睛，医生指了指那扇门示意她自己走过去，她父母被护士拦下来，那扇门连接着一条走廊，走廊显得清净，藤蔓爬满了上空，再过去又是一扇门。小女孩儿的妈妈弯下腰对女孩儿说："乖，你沿着那条路走，打开门会有阿姨来接你，你是个小大人，要好好照顾自己哦。"小女孩儿点了点头，走过门槛时就再也没回过头，直到第二扇门也关了，她妈就哽咽了整个人瘫软在地上。我妈看了那场景后，态度开始不那么强硬，医生说我是急性胃炎，我原本不用住院，后来我妈办了住院。我那几天吃的东西全吐出来了，已经到了一入睡就梦魇的状况。我妈一直尝试跟我讲些心灵鸡汤的话，可我已经什么都听不下去。快要傍晚时，我把刚吃下去的东西在厕所里吐得一干二净，躺在床上时，我妈要回去煮饭，她问我能不能在医院里好好待着。我点了点头，不一会儿，她又进病房问，"你能跟我回家吗？"

我永远忘不了她那时的神情就像一个做错事的小女孩儿站在我身旁，她小声温和地问："能撑着吗？"

我心一软，拖着疲惫的身躯说："有点儿冷。"我全身上下被包了一层，坐在她摩托车后面，夜晚的风很大，把倦怠感吹走一些，回到家那一刻顿时有股归属感。妹妹晚自修还没下课，我妈急急忙忙地熬了些东西给我便又骑着摩托车去接我妹。我吃了些东西又当场吐了出来，年幼的弟弟拿着一根香肠滑倒在我身边又可怜兮兮爬起来带着哭腔站在我身边,"姐姐,你要吃吗?"

"你是笨蛋吗?"

最后我紧紧地抱着我弟哭得稀里哗啦,自怨自艾及所有的负面情绪一下子就从我身边抽离了。

回到学校时,保安量了我的体温说"体温偏低,注意一下"就让我进了校门。隔壁班那三个男生被年段长狠狠记过处分,原因是他们相约洗冷水澡感冒导致全班跟着放假一周。所幸一切都好了,我生了十四天的病,在第十五天的早上突然能吃一些东西,味蕾慢慢苏醒。那场病让我瘦了一圈,期末成绩由原来的年段前十滑到了年段百名之外。但也让我意识到我所有的恐惧其实不过来源于内心的求助,我渴望将外界对自己的伤害降到最低,以自己的方式保护自己的同时也把自己推入另外一种绝境。

我妹常说,她是新思想,而我妈就是封建残余。随着我们的成长,我妈的态度从原来的强势慢慢地软化下来,开始变得像孩子般幼稚。我继承了不少我妈身上的坏毛病,比如急躁的性格,疑心病很重。但同时我也感谢我身边有这么一群人,他们是在某所学校里教书育人的学姐,是淘宝店里当店长的姑娘,是在我身旁的弟弟妹妹,是陌生人……他们以那样或这样的方式出现在我的世界里,教会我耐心处事,学会坚强,努力做一个温和上进的人。

徐妍减肥记

纪艺娴

"徐妍！"

徐妍惊慌失措地抬头，果然看到母亲从楼道里冲出来，手里还拿着一把油腻腻的铲子。余光里那些诧异的神情令她无地自容。母亲一把抢过她手里的麻辣烫，伴随着她一声尖叫，盛有半满油汤的杯子被"啪"的一声砸进了一旁的垃圾桶。

"还吃！胖死你算了！"

这是这个月的第八次。徐妍想，不如真的胖死算了。

虽然她依然对吃有着不可理喻、令人发指的痴迷；虽然用妈妈的话来说她胖得惊为天人；虽然她一米六的个子蕴藏着巨大的能量，哦不，质量，她也还没有壮硕且憨厚到变成大象的境界。她那颗被脂肪包裹的心脏，仍保持着和普通人类一样的心律。她脂肪含量略高的大脑里还是有作为人类的正常审美观，知道什么叫少女心。

这可是证据确凿的事实。证据嘛——比方说每天早上起床之后她都要挑大半天的衣服，即使最后她还是得套上校服；比方说她总是要梳好久的头发；再比方说，喜欢逛街、喜欢粉白色、喜欢小饰品小零食——嗯，还是吃的……以及……是的，她喜欢上了一个男孩子。

他对徐妍很好，至少徐妍是这么想的。他总是把别人送的早餐转送给她，甚至懒得拿掉袋子里的情书；把餐盘里的肉挑给她；因为是寄宿生所以他妈妈经常给他带炖汤,他就分一半给徐妍。他说自己不爱吃这些。

徐妍只当他照顾自己,却从没领悟到他是真的不爱吃。

直到有一天,下课铃响了之后,徐妍正收拾书包准备回家。他径直走到她面前:"徐妍,去操场运动吧。"

徐妍的脸"噌"地红了。她绞着两只胖手,感到非常不好意思:"可是……我跑得很慢……"

"没事,去吧。"

徐妍仿佛受到了极大的鼓励,屁颠屁颠地跟着他去了操场。外表强装淡定,实际上心里早就小鹿乱撞了。他刚刚说自己跑得慢"没事",那么等会儿跑步的时候会等等我吧?徐妍想。

谁料他脚步一转,竟是朝着食堂的方向了,"你好好锻炼啊,我先回去了。"

啊?

原来他是让我自己来。

原来他也嫌我胖了……

徐妍深吸一口气,心里的小鹿刚刚摔了一跤,这会儿正萎靡不振。她只好挤出一个笑容,"哦。拜拜啦。"

跑到第五圈的时候,徐妍开始觉得自己已经不能算是个人了。

她觉得自己像一个质点,不知疲倦地运动着的质点,是个没有知觉的东西。但她又不是一个正常的质点,全然是一个不稳定的原子,手臂和腿都要电离出去了。她重心一晃,超出了受力面的范围。"啪"的一声,她摔了。"咔"的一声,脚崴了。

完全不想爬起来,也不可能。周围的人三三两两地走过来,又远远地站着,迟疑着不敢上前。她恨不得自己能凭空消失,从那些诡异的目光里。

解救她的是隔壁班的一个女孩儿。女孩儿小跑到她面前蹲下,伸出一只手要搀她。哎呀不行,太重了,只好换成两只手来扶。

徐妍想要夹住胳膊，不让腋下的汗臭味逃逸出来。然而在她做出动作之前，她便失去了意识……

她在病床上躺了一个月。而这个月爸爸不顾妈妈的反对，炖的排骨汤、猪尾汤、鸡汤、鸭汤、鲍鱼汤，都伴着丰盛的饭菜下了肚。她的质量因此又增长了好几个百分点。

自从上了高中之后，徐妍长高了，但体重也不甘落后，她已经完全放弃了减肥的念头。她不想自己被太多人注意，所以丢掉了粉嫩夸张的发饰，开始学会不往身上添加明艳的色彩。一米六五的个子其实也挺容易混在人群里不被发现的。

开学的时候，徐妍发现自己和那天在操场上出手相救的女孩儿——顾南同班。她向顾南道谢，为了那天她造成的麻烦。顾南笑着说没事，俏脸上洋溢着青春斑斓的光芒。顾南见她发呆，就问："徐妍你怎么啦？"她说："没事儿。还有，顾南你笑起来真好看。"

于是两个人就因为一场鸡飞狗跳的闹剧成了朋友。

看着她身上日益增多的肥膘，顾南很无奈，"你这样下去很不健康啊，徐妍。"

徐妍舔了舔手指尖上的薯片碎屑，"反正也减不掉啊，随它去吧。"

"你又没试过怎么知道减不掉？"

"试过几次了，结局你知道的。"

"你那就叫试过了？一棵青菜、一次摔跤就把你给撂倒了？"顾南故作惊讶状，"从你的体型看不出来你有这么不堪一击啊。"

"顾南你很烦。"徐妍又拆开了一包曲奇饼。

这次顾南没有接腔。两个人对峙许久，终究是顾南先开了口："徐妍，你让我，对你，非常，非常，非常地，失望。"她站起身，出门去操场运动，留徐妍一个人在空空荡荡的教室里。

她的背影似有愤怒，却隐忍又决绝。

徐妍觉得很难过，准备吃一杯麻辣烫来抚慰自己受伤的心。但当她端着汤杯走到小区门口，一抬头看见妈妈因生气而扭曲的脸时，她就放弃了抵抗。

　　妈妈解下了围裙，洗掉脸上的油烟之后，平和而端庄。徐妍一言不发地扒拉着碗里的米饭，吃完了妈妈给她夹的青菜，习惯性地去夹肉。不，下一秒，她把筷子转向了胡萝卜。

　　妈妈叹了一口气，却什么也没说。过了一会儿，她低头扒饭的时候，听到了碗盘在橡木桌上移动的声音。她抬头，却是母亲将一碗梅菜扣肉放在了她面前。

　　"吃吧。"

　　菜的热气突然就氤氲了她的视线，只见得着模模糊糊的轮廓。是谁在对她笑呢？是妈妈，是他，还是顾南？

　　"妈，我要减肥！"

两人一马，明日天涯

蓝格子

H小姐是我高三的前桌，我们的关系也因为近距离的接触而急剧升温，要知道在这之前我仅仅是知道班上有这一号人物存在，和脑海中那么一丁点儿可以调出来的印象。

她是学霸型的人物，长着一张娃娃脸，笑起来人畜无害的模样。时常拿下第一的桂冠，又能轻松解答出困扰我多时的数学难题。作为神一样存在于我心目中的她却又没有多少架子，见人都是乐呵呵的模样，有点儿傻。

好像印象就止于此，而H小姐心目中的我呢，只有两个字，能吃。

而这一特点在我和她成为前后桌后更是发挥到了淋漓尽致的地步。

我常常抱着一堆零食来到学校，下课时嘴里也总是装着东西，开口闭口就是一句"你要不要？"在那个水深火热的高三年代，我就是一朵闪闪发光的大奇葩，所以每当H小姐看向我时，我都有种被当作动物园猴子观赏的意味。

时间一久，H小姐便有些疑惑了。

她突然在下课时转身问我为什么那么快乐，而这时候我多半是拿着不及格的试卷暗自神伤，当然嘴里一定是在嚼着糖果。

我看着她如小鹿般探索的眼神，也很想认真地告诉她一句我没有多快乐。我和她一样害怕高考，不满意自己的成绩，悲伤自己的付出得不到回报，可那又能怎么样呢，红叉叉还是遍布我的试卷，排名仍是倒数。那么，我宁愿在你们眼中快乐一点儿，也不要成为传说中被同情的存在。

当然，这一大串的话我并没有向H小姐说起，我只是咧开嘴对她笑了笑，硬生生扯出来的笑容有点儿痛。

H小姐不多话，拿走我一片薯片后便继续和我说题。

没头脑的一问一答倒是莫名地加剧了我和H小姐的好关系，我们开始一起去厕所，一起去跑步，一起互诉少女心事。

年少的话语在风中飘散，混合着少女清脆的声音，天边回响。春日夏初，我和她在操场上说着喜欢的男生的名字，抱怨着某个小气的女生。而这时候的H小姐呢，像是褪去了圣人光环，我听她说一段不怎么美好的恋爱往事，听她说所处的不喜欢的关系圈，说到尽情时她会皱起眉头然后又突然笑起来，很傻却也很美丽。有血有肉，那是十七岁坐在操场上的我对H小姐的唯一评价。

白驹过隙，高考像潮水般逐渐逼近。而我和H小姐还是保持着相互鼓励的好习惯，在那个闷热的夏天里，她是我在陌生的班级里唯一的心灵慰藉。

我也时常和她提起自己的梦想，我说我要去湖南，甚至描绘好了大学生活的蓝图。H小姐总是笑，拿着笔的手有些顿，然后轻声告诉我说："以后再说吧。"我不满意她的回答，总是噘着嘴，而她便会在下一秒笑出来拉我出去看桃花。

人面不知何处去，桃花依旧笑春风。这是我唯一想到的诗句，也对这校园突然有了一些留恋，还有身边的姑娘。

年少的我们大多如此，太过相信这世间的美好，以为第一个认真喜欢的人就会在一起，念叨了许久的梦想就一定会实现。可我没做到，H小姐也没做到。

高考失利的那些日子里，我多次想起趴在桌子上和H小姐小声诉说梦想的我，竟有些嘲讽的意味。而H小姐呢，倒是恢复得很好，明明巨大落差的承受者是她，却承担了安慰我的职责。她开始担任理想主义者的角色，以贫瘠的语言描述大学生活，极尽美好词汇夸赞我。

我不知道我是什么时候开始走出那段时光，但我真的很感谢她的存在。

随即是大学，我远赴广东，而她留在安徽。

某日我突然在大学的课堂上因为舍友的一句话而触动了回忆的弦，然后想起了她。而等我回到宿舍想要告诉她时便看见了她的留言，有关我们的高中。我不知道这是不是就是小说里所说的心有灵犀，但我不得不承认我挺想她的。H小姐告诉我说她明年要来广东感受一下我生活的地方，而我也已经做好了所有准备。

三月桃花，四月蔷薇。五月夏至，六月芬芳。两人一马，明日天涯。

我等你来这里。

你是我的小确幸，也是远方

翁翁不倒

爱是卑微到尘埃里开出了花。很久以前的文艺句子，张零零依旧相信得不得了，因为，她的每段经历都像在印证这句话。

1

张零零撑着腮帮子看报纸，一脸闷闷不乐。好像已经两天没在自习室看到何晓宏了，是发生什么事情了吗？

没有何晓宏的自习，连娱乐八卦新闻都提不起兴趣看。有何晓宏的自习，连报纸上枯燥的政治新闻看起来都那么可爱，因为，张零零根本没在看报纸啊！尝试着各种角度，既能看到他，又能不被抓包，她做足了功课，就像班主任经常说的，如果学习有这么努力，早就成学霸了。她想着，觉得再坐下去也好无聊，走吧。一回头就看到何晓宏往自习室里走，吓得她连忙扭回头假装看报纸，在心里乐了好久，那天，兴奋得把报纸的寻人启事都认认真真看了一遍。

2

知道张零零这么痴迷的还有同桌兼闺密，李雪芮。上次李雪芮拖着她陪着去买鞋，张零零在店里看到一双鞋子移不开眼，因为那双根本就是和何晓宏脚上那双的情侣款啊！

李雪芮疑惑："我记得他只有一双深蓝色新百伦啊？"

不不不，张零零说："迄今为止共有四双鞋在他脚上出现过，新百伦红色和蓝色各一双，安踏黄灰色一双，后来还买了一双亮橙色的，根据穿着频率看，他最喜欢的是新百伦蓝色，所以你才会经常看到那双。"

李雪芮当时就只有"you are 666"这样的感受了……

不过只有张零零自己知道，这完全是因为自己太自卑，看人总是不自觉就低头了，才会注意到何晓宏脚上鞋的变化，她也很希望直视对方，看看何晓宏肤色、眼睫毛、脸上肉的变化啊！

3

如果问是什么让张零零如此心动，她大概会想起很多零零碎碎的小事，比如说，张零零在小卖部买了支甜筒，迫不及待撕了包装边走边吃，突然发现何晓宏就在身后，也没说话，就静静地看着她，然后从旁边走过。天知道她心里因为那个眼神小鹿乱跳了多久。

比如说，张零零每节体育课都抢着占场地，只为了能在何晓宏旁边打羽毛球，偶尔为了接球跑到他的场去，还特别傻地原地转了几圈没接到球，最后发现球就在脚边，羞愧的瞬间瞄到他竟然在笑，张零零整个人都亮了，心柔软柔软的，又蹦蹦跳跳跑回自己的场地发球。

太多小事说不完，那些都是张零零的小确幸，一想到就忍不住嘴角扬起，整个天空都被点亮了。

张零零在微博上看到一月一次的新月许愿，评论里竟然有一群人说灵验，看得她蠢蠢欲动，想着但试无妨，不试白不试，一直记着时间，到了那天，一直想好的愿望反而迟疑了。

张零零也知道，"我想和何晓宏在一起"这个愿望太不切实际了，凭她的能量场，估计做不到呢，还是不要浪费愿望了，想想，改成了："我想让何晓宏请我吃顿好吃的，又加了句：face to face"。在日历里备忘了三个月后提醒，如果愿望实现了就要去还愿，张零零想，实现好啊，还愿不怕破费啊！

然而，一个星期后，何晓宏找到女朋友了。她的情报网里每个人都来告诉她，他有女朋友了。

张零零快要崩溃，那张许愿的小纸条就像在嘲笑她，痴心妄想。

5

张零零很清楚现实不是偶像剧，不是整个世界只为自己旋转，而现实就是，何晓宏不喜欢她，无论他表现出怎样的善意，都只是被她一厢情愿地放大扭曲成喜欢而已。

她清楚，何晓宏是她的小确幸，让她的生活不单调，也是远方，是她抵达不了的远方。

我 是 鸡 汤

夏小正

这是一篇心灵鸡汤，有关人生哲理、感悟、成功学、励志学。和市面上的之所以相区别，因为是我写的。

我是夏小正，小博的N朝元老，神出鬼没，如果你知道我，大约你也不年轻……

春艳姐是看着我长大的，我大部分文章都要通过她的辣手摧花，那么问题来了，春艳姐芳龄几何？

能写心灵鸡汤必定在某方面小有建树，就像自己会做这道数学题才能教别人一样，上个寒假凭着"在全国发行的知名刊物上供稿逾七年，姐是专业的"成功得到一份几乎人人艳羡的兼职。看，七年，我人生的三分之一，何以琛等赵默笙的岁月长度。

所以你应该知道我要科普的是什么人生道理了——坚持就是胜利。

老实说，这个坚持是情势所迫，非我刻意。最初被春艳姐的礼贤下士打动，不要脸地说，那就是刘备和诸葛亮的交情。连"萌"是啥意思，春艳姐都不屑于百度而专程来问我，我也就信口胡诌，反正我也不百度，或者说，在春艳姐心里，我就是百度。

渐渐地，我跑偏了，完全不像正常的作者关心自己的过稿量。发稿应该是主动出击，我却被动地扮演一个幕僚。反正春艳说我精力旺盛，我也就如一个永动机般随时榨出新鲜的"创意"，作为社会主义的一块砖，哪里需要往哪里搬，哪里缺稿子我就来写，其他事情一概不管，和考试时就会碰到命题作文一样自然。偶尔还有一小笔稿费，不怎么费力还有人情和金钱的温暖，多好。

即使小博上很多作者都长大出走了，我仍然一直窝在这里。

到了大学经常要介绍自己的特长，我无所凭恃所以狗急跳墙地吹嘘自己会写作。写作是多么大的一顶帽子啊，要知道迄今为止除了圈钱的征文和小学的比赛，我就没在小博以外的地方发过稿子。当然，我也一直觉得是别人没眼光，没有发现我这个奇葩。

别人瞅着我，一副话痨演小品应该很厉害的样子居然爱好写作，都得出了果然每个人都很分裂的结论。春艳还总是隔三岔五给我送温暖，上有主编下有春艳，我恍恍惚惚觉得我跟别人不一样，我是个有组织的人！换句话说，有"家"可归。

当然，掐指一算我居然在小博待了这么久。但除了心理安慰我仍然没有意识到真正的好处。毕竟我没混成郭敬明。直到寒假应聘小清新蛋糕店的店员兼职。

很神奇的，各种"作文"都写过，一直写了七年的好处几乎就是除了小说什么都能写。老板遂不舍得放我当店员了，他说屈才，直接调我上来写文案。我乐了，坐着个格子间随手写一段交给同事看着他ps，我成了技术工种。

就如春艳姐所说，我有了一个"小本事"，再小，它也是个本事。任何事情干七年，都不会太差。虽然啊，这个"坚持"是稀里糊涂的。

所以，我想坚持更多。

希望你们也是呀，练字、画画、学英语、打篮球……要把好多正面的事情坚持到和洗脸刷牙、吃喝拉撒一样自然。不要有所负担，不要衡量得失。看起来平平常常，但它们将埋伏在你的人生途中，骤然就跳出来，给你呈上一束火红的玫瑰花。

如果要加个程度副词，我相信是"一定会"。

我只是恰好路过她的岛屿

我曾经亲眼见到过宋清栀和纪嘉俊肩并肩走在一起的画面,她抱着书,他撑着伞,蓝色牛仔裙和米白色毛衣一齐走在枝繁叶茂的春天里,那种画风简直美得让人移不开视线。我则像个小贼似的偷偷跟在他们身后,每一步都走得缓慢而轻盈,为的就是能够趁机多看这对才子佳人几眼。

暗　疾

杜克拉草

1

还有比一个女生课间晕倒在教学楼女生厕所门口造成交通堵塞更丢人的事情吗？

答案是"有的"。

例如一个女生在课间晕倒在教学楼男厕门口造成男生恐慌这件事就比上一件事更丢人。

这么丢人的两件事，程可乐全做了。第一次是因为来例假痛晕了，第二次是因为不吃早饭血糖过低饿晕了。

至于为什么晕在男厕门口，程可乐对外的解释是刚好经过。

去她程可乐的只是刚好经过。

程可乐经过男厕是蓄谋已久的，只不过晕倒这件事真的只是碰巧。

程可乐对于"如何能够在韩悬心中留下不可磨灭的第一印象"这个问题已经深思熟虑了整整一周，最后拍案决定了一个俗不可耐荒唐至极又低级到极点的主意：在男厕所门口"碰瓷"。

感谢教学楼的内部神奇构造，男厕左侧是楼梯，楼梯左侧是韩悬的教室，而隔着一条长廊的厕所对面是程可乐的教室。

在程可乐脑海中，她构思的"碰瓷"情节是这样的：韩悬甩着刚洗过的手从厕所出来打算回教室，程可乐算好了时间急匆匆地从楼梯下跑上来刚好与韩悬撞个满怀，最后两人顺其自然相遇、相识、相知。

最好能来个一见钟情，就可以省了那些相识、相知的过程了。程可乐想得可真美。

真棒。那么先来假定第一个问题：如果韩悬上厕所出来没洗手呢？

初樾，你给我滚。

程可乐，我祝你成功。趁着上课铃声刚好响起，在程可乐把书砸过来之前我赶紧闪回了座位。

2

我叫初樾，今年高二，与程可乐有着一缕道不明的"青梅竹马"的关系。我爸和程爸爸是战友，两人关系铁得很，退役后两人在同一个城市工作，又双双在同一个小区里租了房子。我和程可乐是光着屁股玩到大的，据我爸妈回忆，四岁之前我和程可乐两个人黏得像连体婴儿似的，怎么也分不开，晚上我还不肯回家睡觉死皮赖脸赖在程可乐的小床上。

每次我妈一提这事，程可乐都能笑得花枝招展，我腮帮子鼓得跟蛤蟆似的。打死都不能让其他人知道这件事，太丢人了。

我爸和程爸爸怕别人欺负程可乐，所以从幼儿园小班开始就跟老师要求我俩上同一个班，上学回家都不能落单，上一辈的革命友谊在我和程可乐身上又得以呈现。

程可乐喜欢韩悬这件事，大概只有我一个人知道。她一点儿都不担心我向程爸爸和程妈妈告密，因为她手里攥着小时候我赖着她睡觉的丢人秘密。

韩悬是学生会主席，除了把学生会的事情处理得井井有条之外，成绩还保持在年段前十。用程可乐的话来形容，就是能力和颜值是成正比的。

论能力我是文学社社长，写得一手好文章，论颜值我不输韩悬。程可乐就是瞎了才会熟视无睹我的存在。

我是百分之百地真心祝愿程可乐的"碰瓷"能成功，即使我知道她不会成功。

你看，这不就砸了吗。

没有吃早餐的程可乐血糖本身就低，急匆匆刚跑上楼梯打算右转角时能量一下供应不足脑子一抽便晕了过去。

暂且不说没能与韩悬撞个满怀，她连韩悬的面都没见着，倒是碰上了刚从厕所出来的我，正好接住了她才不至于让她像个球一样从楼梯上滚下去。

说实话我迟疑了一秒钟考虑要不要让程可乐就这么滚下去，但是我终究还是没有。

不是于心不忍，而是不敢。程爸爸曾经为我爸挡过一发子弹，对我家有救命之恩。本着父债子还的想法，我爸从小教育我在学校最重要的一件事就是保护程可乐的人身安全，其次才是好好学习。如果我就这么眼睁睁地看着程可乐摔个狗啃屎，摔得鼻青脸肿的，明天挂彩的就该是我了。

3

作为程可乐的青梅竹马，最后我还是决定帮程可乐一把。

程可乐感动得一塌糊涂，感动到大力地拍着我的后背，不知道的还以为她想谋杀我。

什么多年情义，什么青梅竹马，鬼知道我只是想早点儿结束程可乐在我耳边叽叽喳喳一直叨叨叨个不停的日子。

为了程可乐的幸福，我去找了陈欣欣。

陈欣欣是八卦小能手、信息小灵通，文学社的扛把子，也是韩悬的同班同学。用陈欣欣的话来说：好文章源于生活琐事，素材嫌少不嫌多。如果想知道什么信息，找陈欣欣就一定行。

韩悬喜欢演情景剧并且有表演天赋这件事，也是陈欣欣告诉我的。那会儿为了学校的文艺会演，文学社和话剧社联手出一场情景剧，剧本由文学社的成员来写，为了提高大家的参与性以及考虑到话剧社人手欠缺，话剧演员决定从全校招募，再由话剧社进行排练。

虽然表面看起来演员正火热招募，但其实话剧社有意邀请韩悬来当男主。我把内幕告诉了程可乐，她一听火急火燎地跑去书店买了几本关于表演的书，一有时间就抱起来啃，恨不得钻进去。程可乐大抵知道自己火候不够，啃书的同时不忘讨好我这个文学社社长。

我难得对程可乐趾高气扬了一回。

面试那天，程可乐很难得地穿了一条米色的裙子，还给自己编了一个鱼骨辫。

啧啧，程可乐这个家伙，戏还没开演呢就懂得给自己加戏。

面试官除了内定的男主韩悬、话剧社和文学社的干部以及管理这两个社团的指导老师，我作为文学社社长理所当然也是其中一员，但程可乐说我在现场她会紧张，影响她高超的水平发挥。我想了想，最后还是在轮到她面试时找了个上厕所的借口离开了。

程可乐真的发挥了超高的水平，不然她怎么破天荒地获得三名候选名额之一。

程可乐很开心，为庆祝她的旗开得胜以及在韩悬面前第一次露脸，平常只会在我生日时才会掏钱的她，居然破天荒请我吃了一顿五十块的肯德基。我甚感欣慰。

最终程可乐在所有人的诧异中当选了女一号。程可乐泪流满面，过后她问我是不是给她走后门了。

"开什么玩笑，谁不知道我文学社社长初樱是出了名的铁面无私,怎么会为了朋友就打破自己的原则和底线。"

"那也是,一看就是我相貌出众气质佳有才华才当选的。"

"是是是,你程可乐就是出水芙蓉。"

程可乐这人不禁夸,还没等我说完就笑嘻嘻地走了。

4

由于话剧彩排的关系,程可乐终于如愿以偿和韩悬越走越近,两人行从此变成了三人行。

但最让我受不了的是从此买奶茶除了要给程可乐带一杯,还要给韩悬捎一杯,否则程可乐会跟我吹胡子瞪眼。

"程可乐你追韩悬为什么要我出钱!"

"因为你的就是我的呀!"

程可乐的脸皮厚得让我无话可说。算了吧,牺牲点儿生活费换程可乐的幸福,帮她追到韩悬我就解放了。

没多久程可乐就频频把我踢开了,美其名曰是要给她和韩悬创造二人世界,增进感情。程可乐跟个猴似的,算盘打得比谁都精,一边要把我踢开,一边为了防止被程爸爸和程妈妈抓包让我打掩护。

每天下午在排练结束前五分钟我找各种借口先行离开,在到家的前一个路口和程可乐汇合,然后两人再回家。

倒是因为程可乐踢开了我,我和陈欣欣的联系频繁了起来,她和我一样负责剧本的修改,所以我们时常在路上聊程可乐、韩悬以及剧本。

我问程可乐两人的进展如何,程可乐说一切顺利。我知道,韩悬这个猎物快到手了。

话剧排练了两个月,演出那天程可乐和韩悬配合得极好,接近完美地演出了整个人设的形象和剧本的精髓,获得评委席的一致好评。那天的话剧获得了最高分,站在我身旁的指导老师对我说:"初樾啊,还是你说得对,这个程可乐还真的没让我失望。"

我笑了笑没接话,被舞台上的闪光灯耀眼到眼神些许迷离,眼底全是说不出来的苦涩。

怎么会失望?

思绪飘回到面试那天。面试结束后,程可乐还在候选名额中,老师有意让话剧社的第一大美女当女主,我跟老师说:"老师,你相信我,这个女主没有比程可乐更适合的人选,非她不可。"

老师打趣道:"你小子文章写得好,什么时候也开始学会看人了?"

"因为这个剧本的人设是以她为原型,这个剧本也是为她而写的。"

我不动声色的外表下心底泛起了层层涟漪,越晕越开。

5

作为一个男二,我想要快点儿结束这个故事了,我才不想浪费那么多的口舌在程可乐和韩悬的细枝末节上。所以请允许我加快这个故事的进程。

程可乐终于要追到韩悬了。

确切来说,是韩悬终于开始追程可乐了。

文艺演出结束那天,韩悬把我叫到操场,他说:"我准备和可乐表白了,你觉得我要怎么做她才会答应我?"

你啥也不用做程可乐就会主动扑上去了。我心里暗暗想,当然没把这句话告诉韩悬。

"这样,你和我打一架,打赢我她就会和你在一起了。"我说。

"初燃,说正经的,别开玩笑。"韩悬说道。

"真的,没开玩笑。"我开始解开白衬衣上的纽扣,撸袖子,一拳打在了韩悬的肚子上,因为打在肚子上,我的手也不觉得疼。

韩悬平白无故受了我一拳，毫无准备的他被我打得一脸蒙，缓过神来当即给了我一拳。

我和韩悬开始以你一拳我一拳的方式打架。为了让他跟程可乐表白时能有个好形象，我拳拳打在了他肚子上。可韩悬真狠，拳拳打在我脸上，这家伙估计是不打算让我明天见人了。

"韩悬，你赢了，我不跟你抢程可乐了。"我被韩悬打得坐到了地上，两手往后支撑。韩悬哪里还需要抢，他只要站在那儿，程可乐眼里就只有他。

我从地上爬起来，转身要走，想了想还是停住了脚步。

"韩悬，程可乐这个智障很喜欢你，别辜负她，否则我跟你没完。"

我想我当时应该很酷吧。真可惜没让程可乐见到我这么酷的样子。

在大家还在各种拍照留念准备去吃宵夜时，我没告诉任何人便离开了。这是我第一次没和程可乐一起回家，也不会是最后一次，日后会慢慢习惯的。我走在街道上胡思乱想。

我是个写故事的人，写过那么多个公主和骑士终得圆满的故事，却还是过上了"公主遇上了王子，骑士全身而退的"生活。

我再也不用花钱帮程可乐追韩悬了，这让我心里多多少少平衡了一点儿。

6

演出次日一大早我就接到了程可乐报喜的电话，为了庆祝，她第二次提出邀请我去吃肯德基。我拒绝了，让她去找韩悬约会。一来是自己鼻青脸肿的模样不适合去见她，二来是为了我的盛世容貌我必须要去药店买药来消肿。

让时间的磁带倒一下。韩悬是打不过我的。从小我爸为了让我更好地保护程可乐，没少以军人的方式训练我，跆拳道我已经拿到了黑带三段。

我和陈欣欣在路上讨论剧本时，眼里全是前方和韩悬笑得花枝乱颤的身影。

程可乐面试的时候，我没有离开。我站在门后透过门缝悄悄地看着她，那一刻脑海里冒出了一句话：回眸一笑百媚生，六宫粉黛无颜色。可还没等我跟她说这句话，程可乐就笑嘻嘻地走了。

时间再往前倒一些。

打从这个剧本在我手上成形的那一刻起，我就认定了女主就非程可乐莫属。

话剧的男主，是我向话剧社社长极力推荐内定的。从一开始，我就不是这个人男主角。

堂堂一个出了名铁面无私的文学社社长，怎么会为了朋友打破原则和底线。

可程可乐啊，她不是我朋友，她是我初懋的软肋。

我不是个骑士，倒像极了是个铺路者，铺出了那个全校唯一一个在男厕所门口晕倒的女生的幸福。

程可乐，晕倒这么丢人的事情，以后都不要再干了。

我想起程可乐刚喜欢上韩悬的时候摘抄在本子上的一句话：爱情是一种暗疾，发作时间不定，恼人得很。病根在自己的心底，却不想治愈。

才不是。暗恋才是一种暗疾，发作时间不定，恼人得很。病根在自己心底，却不想治愈。你看我就是。

悟空总要离开猪八戒

二氧化硼

一、有些人的贱是深入骨髓的

由于我的身材从长度上讲略为娇小，所以一般都坐在第二排。但是我们组第四位的高个子男生最近近视又加深了，而我们组第三位又是爱学习的班长大人。

所以，我成了炮灰。

其实故事的真实版本是这样的：高个子男生看上了坐在他前面背挺得笔直且容貌清秀的班长大人，而班长又喜欢上了坐在她左前方背挺得笔直同时颜值爆表的我——的原同桌。高个子知晓此事后痛定思痛，决定用自己的背影挽回女神的芳心。于是熬夜打了几天游戏，配了副眼镜，去老班那儿软磨硬泡了几天。

总而言之，我成了炮灰。

不过作为一个君子我还是很有成人之美的风范的，对一脸为难的班主任说："没事儿，我挺喜欢坐在后面的。"再露出一个懂事的微笑默默地将桌椅搬到了后面。

表情是落寞的，然而内心却是狂喜的。欧耶！终于可以不用提心吊胆地看小说喽！哈哈哈……说不定班主任看我如此乖巧还能把上次没收我的《中学生博览·文艺憩》还给我呢！哈哈哈……

什么？你问我舍得那个颜值爆表的同桌吗？不好意思，作为一个声控的我已经对他的公鸭嗓毫无半点儿念想了。

就这样我带着满心欢喜来到了我的新位子，但事实证明我还是too young, too simple，把这世界想得太简单太美好。然而当我开始怀疑高个子提出换位的真正目的究竟是因为女神还是怕自己会忍不住杀了孙猴子时，一切都已经晚了。

孙猴子，就是我的新同桌，也是我最想与之同归于尽的人。本名孙骁，因为嘴贱而闻名全年级，因为瘦高得外号猴子，和他的姓连在一起就成了和我小时候最崇拜的人同名的孙猴子。

有些人的贱是天生的，比如那个把一块五的东西卖到两块五的黑心店主；有些人的贱是养成的，比如那个每次盛菜前都要例行一个大喷嚏的食堂阿姨；而有些人的贱是深入骨髓的，例如孙猴子。

"欸，你饿吗？"最后一节历史课他碰碰正在一边"认真学习"一边听广播剧的我的手臂。鼻子不挺但很灵的我早就闻到了他桌洞里浓郁的可比克薯片味儿，于是眼泪汪汪地说："饿。"

"我不饿，"他说，"我本来是饿的，饿到什么程度呢，看到桌子想到了涂上黄油的面包；看到自己的胳膊想到了火腿；就连看到老李（我们的历史老师，是个光头）都想到了校门口的茶叶蛋。可是不知道为什么，"他顿了顿，继而看向我，很认真地说："看到你，我突然就没了食欲，还有点儿想吐。不信你照镜子试试！"

我是个很冷静的人，我没有生气，也没有大喊大叫，只是默默地掏出了圆规对准他的大腿狠狠地扎了下去。

世界，和谐了。

这件事情告诉我们武力也许解决不了问题，但往往可以解决掉贱人。

二、大师兄和二师弟

和大多数女生一样，我是个数理化无能。尤其是在坐到后面天天沉迷于广播剧和小说以后，我的月考物理数学分数更是创了历史新低。

而整天顾着打游戏和羞辱人的孙骁却仍保持着数理化单科稳居年级前十的高姿态。

"啊！为什么？！耶稣，难道圣母玛利亚喂你喝的是三鹿吗？像我这种善良守法乐观开朗的好孩子却要如此对我！"我望着那惨不忍睹的分数哀号道。

"想知道为什么吗？"孙猴子哀怜地看了我一眼。

"嗯？"

"因为如果你的愚蠢可以发电的话全世界的核电站都可以停摆。"

我就知道指望一个满嘴喷"米田共"的人喷出珍珠泉是不可能的。于是我只好默默地去掏圆规，掏了半天也没掏到，用鼻子想也知道是谁拿的。我懒得为了圆规再跟他吵，便提起笔来订正错题。一边抄老师给的标准答案一边想上次我缝书包的那根针放哪儿去了。

"光抄答案是没用的，要不你喊我声哥，我给你讲细点儿？"

"孙猴子！"我拍案而起，"在你眼里我就是那种会为了蝇头小利出卖自己尊严的人吗？请你五包可比克不答应算了！"

"嗯……"他想了想，"那我退一步，你喊我声大师兄得了。"

纯洁如我，毫不犹豫地喊了声大师兄。"再大声点儿！全身这么多肉，声音怎么跟我天天不喂你饲料似的！"

我怒了，对着他的耳朵狠狠地叫了一声："大师兄！"

这下他终于满意了，"乖，二师弟！哈哈哈……"

然后全班都笑了。从此，大家都亲切地称我为，八戒。

从此，孙猴子最爱唱的一首歌变成了"八戒八戒，心肠不坏；八戒八戒，傻得可爱……"

不管怎样孙猴子总算是答应教我了。但我的智商还没有高到那种他一画辅助线我就拨开云雾见月明的程度。

于是他的嘴上功夫在我智商的碾压下又上升了几个阶层。

"女娲补天怎么没把你缺的那块心眼儿补上啊！"

"八戒，你是不是脑袋被人当皮球拍过啊！圆的内接四边形的外角等于它的内对角啊！不要再让我告诉你什么是内对角了！"

"呆子十八乘六你还要笔算啊？"

"二师弟，你老实告诉我，你是吃什么牌子的饲料吃成这样的？我哪怕倾家荡产，也不能让他们再逍遥法外了！"

"李佳木！W在这里是功不是单位瓦，你以为谁都跟你一样满脑子'瓦特'（water）啊！"

"啊啊啊啊！"我终于气馁了，把笔往桌子上一扔，"孙猴子，你老实说，我是不是没救了？"

"说什么呢，其实你这样已经很好了。我小时候一直把三乘六算成十二，数学从未及格过。"他安慰我说。

"真的？"我表示十分怀疑。

他看了我一眼，"假的，我又不是你，哥从小就是三好学生。"

"喊！"我表示十分不屑。

"三好学生就要德智体美劳全面发展嘛！关爱学渣也是我品学兼优的一大表现嘛，为了不让你拖班级后腿，我就忍忍，死猪当活猪医吧！"孙骁拍了拍我的肩膀笑着说。

这时候我才开始认真审视起我这个同桌来——声音已经褪去了青春期特有的沙哑变得低沉，但也不能算是动听；眼睛不大，鼻子还行；眉毛勉强算直，嘴唇上方冒出一点点细细的胡碴儿，不能算是特别好看。

可是为什么我突然觉得他有点儿帅呢？大概是因为我看了太多扭曲的几何图形和电路图以及物理老师的国字脸产生了幻觉！嗯，一定是因为这个！

三、好啊

虽然孙骁这个人是贱了点儿，但教学水平还是不错的。经过几周的魔鬼训练我学起数理来终于不是那么雾里看花了。

"谢谢你，孙大圣！我感觉自己的人生又有希望了！哈哈哈！"

"呦，这就有希望了，初中这些只能算是小儿科，看到了高中你怎么办。"孙骁一边打手游一边不留情地泼我冷水。

"大不了请家教包课外辅导呗。"我故作无所谓地说。

"哪位老师能有你师兄我教得好啊？"他自恋地说。

"对对对，孙老师，你教得最好啦，那你一直教我好不好？"我真的只是随口一说，说完我就后悔了，你以为你戚百草啊，就算是，孙骁也不是若白啊。

他也没有想多，说："好啊，只要你请我吃可比克就行，还得叫我大师兄。"然后又去打游戏了。

我把物理书掏出来，翻到第五十二页，然后很小声地说了一句，"好啊。"

最近老班出奇地唠叨，上课上到一半，说我们报学校一定要跟家长商量，不过谈恋爱就不用了。

全班都笑翻了，只有一直在打游戏的孙猴子看着四周"哈哈哈"的同学们一脸茫然。

我笑完之后，突然问他："欸，你打算上哪所学校？一中吗？"一中是我们这里最好的学校，像我这种学渣自然是不敢觊觎的，但孙猴子绝对没问题。

"二中吧。宁做鸡头不为凤尾嘛，而且二中离我家也近，方便。"他说。

"我只听说过'宁为玉碎不为瓦全'。"我说，"虽然一中竞争力更大，但是教学资源也更好啊，对自身的发展也是有益无害啊，食堂也好吃。欸，大圣，你不会是害怕自己到一中以后就进不了前十了吧？"

他并不吃我这一套，不屑地说："我只是怕到了一中以后没人可以让我损了。"过了会儿又问我："你就那么想让我去一中啊？"

"对啊，"我不知为什么竟有点儿心虚，"以，以后跟人说我同桌去了一中多有面子啊。而且，像你那儿么贱的人就该去祸害那群可恶的学霸。"

"那你呢？"

"也只能上个私立的阳德吧，努努力应该能上二中。"我突然想到了什么，握住他的手臂，"这样，你要好好背单词和古文，我呢，就好好学物理数学，你在一中称霸，我向二中冲刺。每个人都朝着更高更好的目标前进好不好？那就这么愉快地决定了。"我像他拍我肩时坚定地拍了拍他的手臂，笑着说。

"喊！"他看我那副斗志昂扬的样子，不自然地将头扭向窗外，发出不屑的声音，"神经！"

窗外那棵高大的梧桐树又抽出了新芽，那代表着什么呢？

那代表着春天就要来了，代表着学校商店又会卖一块五的冰棍和两块五的雪糕，代表着拐角服装店的橱窗又会挂满各种各样的花裙子。

它代表着，魔鬼六月的来临和曲终人散的下课铃。

四、Finish 是什么意思

不管孙猴子怎样，反正我是个说话算话的人。

第二天，我就去文具店抱回来一打草稿和几盒笔芯，一副要与数理化决一死战的样子。

事实上我也这么做了。

每天六点就起来，背完英语和语文后再挤出半小时背定义和公式。一天数理化各一张卷子，错的和不会的一个月之内要重做五遍。为表决心，我甚至把手机里的游戏全换成了题库。

当然在我做这一切时还不忘兼顾一下孙猴子的古文和单词，这让我在他面前有了一种从未有过的舒爽。

"还玩游戏，背古文！"

"F开头的背完了吗？finish是什么意思？"

"背语法时不能听歌！"

什么叫风水轮流转！哈哈哈！

见不惯我得意的样子，他也愈加嘴贱地打击我，虽然身边总是吵吵闹闹的，可是内心比起前面的日子还是坚定了很多。

明明上数学课时，时间那么漫长，可是怎么一回头，却发现光阴流逝得比vivo 6 plus的流量还快。就在这样一段漫长又短暂，相助又相杀的时光里，中考如约而至。

拍毕业照的时候，孙猴子站在我身后，微俯着身子，扯着我的一只耳朵和鼻子，而我的另一只耳朵，被我的好闺密，小米扯着。

就这样，我们班的毕业照少了一个李佳木，多了一只猪八戒。

那天孙猴子大腿都快被我扎漏了。

中考前天晚上，祝福和加油的说说与签名挂满了整个QQ空间，微信里面也是。

大概8点左右孙猴子给我的微信、QQ和手机各发了一条信息：八戒，九九八十一难就要历完了，就这一个妖怪了，师兄罩着你呢，不怕啊！

我一边吃可比克一边看这条信息，笑着笑着就哭了。

五、斗战胜佛和净坛使者

中考结束后的第十五天，班长组织了一次聚会。

那天我们砸完了一个六层的巧克力蛋糕，喝完了三箱菠萝啤，拍了很多照片，流了点儿泪，吼了许多歌。

孙骁唱的是《同桌的你》黑化版。不知道为什么，听他用没那么迷人的嗓音唱"明天你是否会想起，曾经爱抠鼻屎的你"时，我还是很想很想哭。

小米问我是不是喜欢孙骁啊，我说怎么可能呢。

是啊，怎么可能呢，九九八十一难已度过，他是所向披靡的斗战胜佛，而我只是个爱吃爱喝的净坛使者。

西天到了，我们终是要分离的。

至于被我藏在抽屉里，他用过的草稿纸和满分的数学试卷，就当是他带我取得的真经吧。

只能这样了。

再见了，贱人。

再见了，斗战胜佛。

再见了，我的，孙悟空。

后记：后来他上了一中，我去了二中，不过又听说他参加了什么竞赛，得了奖，去了更好、更远的学校。也许以后再也见不到了吧。

也许我喜欢过他，也许他也觉得我傻得可爱，但是那又怎么样呢？时光没给我们向前一步的勇气，而我们却偏偏都是胆小鬼。

聚会那天的照片，班长给每个人都寄了一份，其中一张是他搂着KTV大厅那根特像定海神针的柱子，还被我强行戴上了孙悟空的面具，像个神经病，而我站在镜头的余光里，笑得像个傻瓜。

最终我把这张照片和毕业照放在一起。

从此我的青春里少了一个孙骁，多了一个孙悟空。

烟火温柔的楼道

暖纪年

距离高考还有一百二十二天

山海和林小白在秦屿安的学校是有名的两朵奇葩。

可是很不巧这两朵奇葩都是她的同桌。

山海是学美术的,却在联考校考后放弃美术重新考文化。林小白原本是理科生,却在高三下学期理转文。

林小白穿着白衬衫和绣花的渐变色半身裙,很长的头发,抱着一堆深奥的闲书坐在秦屿安右边,看起来一点儿也不像楼上短发的理科妹子。

山海是个大大咧咧的男生,从艺术班抱着课桌坐到了秦屿安左边,桌子上画着梵·高的《星空》,各种颜料塞在课桌里。

秦屿安抱着"数学五三"艰难地做着,头也没抬一下。秦屿安在学校算半个传奇人物,高一在普通班混着日子,和大多数人一样勉勉强强挤着及格线,数学烂到不行,却在分班最后一个月天天早起晚归,一路从重点班再升到火箭班,到高三稳定在年级前十。

其实也不是什么难解释的故事。

十六岁的秦屿安某天在数学课打盹儿中醒来,看着窗外鲜绿得晃眼的树枝，窗内是专注听着课神色各异的同学，突然从悠闲的生活中惊醒，像是谁在她脑海中打了个响指，告诉她，一辈子不该这么浑浑噩噩地过去。

要补的东西实在是太多，尤其是数学，秦屿安每天抱着真题卷死磕。一旁的山海努力跟上老师的节奏，但还是有时候忍不住，突然就在草稿纸上课本上画起画来。林小白闲闲地倚着窗看闲书，从外国小说、民国著作到各种晦涩的地理历史专著，什么都读。

山海问过林小白之前为什么学理，一问才知道林小白的父母是学校的物理和化学老师，都很希望林小白学理。从小林小白就在各路亲戚朋友的期待中长大，觉得她以后理科一定非常强悍，可惜尴尬的是，林小白对此一点儿也不感兴趣，理科门门不及格。每天看些乱七八糟的闲书，被班主任收走一本转眼又拿出一本。

在同班同学的眼里他们就是三个怪人聚在了一起，可是他们出乎意料的关系很好。山海和林小白似乎早就认识，林小白看的书多，聊起中西绘画来一样游刃有余。秦屿安看起来安静，逆袭前也一直是个很闹腾爱玩的人，不忙的时候就勾着林小白一起看杂志，嘴里不停地说着："小白小白小白你快看！"

山海就在一旁，一边看着她们一边画素描。

距离高考还有七十天

秦屿安努力了近两个月后终于迎来了一次大考，她满怀期待地写满了数学卷，一个个字符在笔下流畅地成形。

结果比起上一次考试，不进反退。

山海看着那个垫底的分数，红着脸把卷子揉成一团说："意外意外，我实力才不止如此呢。"

林小白虽然是半路转班，却在一路火箭式上升中进了前十。

虽然早就感觉到林小白在文科上有天赋，秦屿安还是觉得很沮丧。

秦屿安看着数学卷上那个扎眼的分数，因为努力了两个月依然没什么进步而倍感烦躁，订正了一会儿，最终还是心烦地把试卷揉成了一团丢下桌。

听到动静的前桌有点儿不满地嘟囔了一句，"明明挺高的分，有必要这样打击人吗？真是讨厌。"

秦屿安趴在桌子上，懒懒的没力气回应，每晚两三个小时刷数学卷，抽出各种细碎时间在路上公车上背公式，结果不进反退，谁说努力了一定有结果的，她在内心对自己苦笑。

"话不是这么说的啊。"林小白翻着闲书，漫不经心地搭了一句，"每个人的标准不同。"

"去年暑假的时候表姐来我家玩，因为高考失利整个人都病怏怏的模样，问她考得怎么样，她说只是个理科普通一本。作为一个理科学渣，当时我连打她一顿的心都有了，但是听她说完我也就释然了。当你的同学不是清华北大就是武大复旦的时候，普通一本确实会让你觉得很难受啊。再说她努力了这么久，拼尽血泪的，别人在游戏放松的假期也一样在刷题，怎么就不能期待更好的呢？"

"这个分数对你来说足够好，是你的标准，不是我家屿安的标准。"

前桌的脸一会儿红一会儿白的，一副爆发的前兆，最终被她的同桌拉了回去，只好讪讪地转回头。

秦屿安性格温暾，这么多年来一直秉承着多一事不如少一事，一般也不爱与人争辩，听到林小白这么直接地说了出来……

感觉爽翻了！

她直起身，对林小白招了招手，林小白疑惑地合上书，秦屿安直接上去一个熊抱。

"谢谢小白。"秦屿安的声音闷闷的。

"谢我干什么，没事的。再坚持一会儿，会有结果的。"

山海撇着嘴："真受不了你们女生。"

距离高考还有二十九天

高考倒计时时谁没有情绪崩溃过呢？秦屿安已经不记得为什么会来到楼道里了，试卷被她撕碎铺了一路。

学校顶楼的楼道，平常并没有人来，晚霞通红通红的，橘红色的光芒落在楼道里。秦屿安只记得，刚才她还在家中吃晚饭，父母谈笑着说着什么，她却越来越沉默，最后没有任何预兆的，眼泪大颗大颗往下落，来不及在脸上停留一秒。然后她就匆匆骑了车来学校顶楼，她低头看了看表，已经是晚自习的时间了。

果然没有人找我啊……这样想着，楼道里却突然传来脚步声。

漆黑的楼道里亮起了烟花，小时候最常玩的那种星星棒，火光跃动着，像碎开的星辰，映照着山海的眉眼。

他自然地坐到秦屿安旁边。

"虽然我从小开始学美术，因为某些原因，联考依然是一塌糊涂。校考又没有考上喜欢的学校，所以就放弃了一切重新学文化课。"

"那时候我也是这样，一个人坐在黑漆漆的楼道里，把所有画稿都撕碎了撒了一地，就像落了一地的雪。联考黑幕泄题坑苦了好多人，我不在乎，就当是天命了。可是校考的时候，上海、北京、四川、武汉……一个个地方跑遍了，每个地方去考试，每晚回到宾馆累趴了就睡觉，最苦的却不是奔波……"他顿了顿，声音里有深深的无力，"是知道自己真的只是普通人，看着那些一同考试的人，我才真正知道什么是差距。我喜欢画画好多年好多年，无论技巧多么娴熟，事实都摆在面前，我永远不会是上天眷顾的那个人，我只是个普通人。"

"我知道你一定能理解我的不甘心。"山海笑了笑。

"我蹲在楼道里看着天空，想着天空真远啊，我的梦想，我的画纸，我的未来，究竟在哪里啊？"

秦屿安沉默着听完。

"可是后来有人安慰我说,没错,很多时候做一件事到极致是要靠老天爷赏饭吃的,考前一周聚在一起打篮球狼人杀依然清华北大的学霸,一下笔就洋洋洒洒,情节跌宕构筑宏大,未成年就能出书的作者,早早出国表演绘画音乐赛拿奖的艺术生……你永远无法与其相比。

"可是大多数人都是普通人,拼不了天赋,只拼吃苦与耐力。所以你就要为了那些不相干的人放弃热情吗?放弃干净又纯粹的热爱,放弃十年饮冰都难凉的热血?"

"我联考结果够不上自己心仪的学校,但也不算很坏,我劝说了父母很久,让他们同意我明年再拼一次。"他晃了晃手上的烟花,"不要担心,秦屿安,大大方方地往前走吧。"

"欸?"秦屿安疑惑地抬起头,"那你为什么要转班?"

"……重点不应该是我面对千般艰难未知依然欢乐多吗?"

他做了个鬼脸,"你猜啊。"

距离高考还有二十三天

班级里突然炸开锅般的哄笑声,围观着窗外升起的一缕一缕的白烟。

"着火了!着火了!"

数学老师掐了烟一脸尴尬地走进来,"什么着火了!上课上课!"

在写试卷的秦屿安突然顿了顿,就这么轻易地想起了一件不太相干的事情:

一个月前,秦屿安下课后抱着资料去图书馆还书。经过学校的体育场,山海在打球,林小白拿着水等在旁边。山海笑着拧开水,说:"谢谢你对我说过的话啊。"

漆黑的楼道里,山海说:"后来有个人安慰我……"

也许是无关的两件事，却轻松地重合起来无法分开。

山海像是突然看到什么一般猛地转头，篮球场外的夕阳呈现出极致的橙红色，像一口被咬破的酒酿蛋，一种难以言说的温柔缓缓流淌着。

"怎么了？"

"没……没事，看错了吧。"

秦屿安看着怀里的练习册，一瞬间有些恍惚。

有些人恣意、快乐，把高中当成一场盛大聚会，有些人漂亮、优秀、有天赋，轻轻松松与生俱来。

而我又是怎么样的人呢？

距离高考还有七天

高考临近的时候，学校一般都是很宽容的，撕书、喊楼之类的活动，只要不出大事影响学校秩序，都可以被原谅。

按照学校的惯例，考前一周有远足和毕业典礼。

大家从前一天的晚自习就开始兴奋地讨论起准备什么零食，一边吵吵嚷嚷地说谁敢带书带作业煞风景的坚决不让他去。班主任也笑着说希望大家好好珍惜，我们班最后一次的大型户外活动。

"你们看韩剧吗？"远足时走在前面的前桌突然兴冲冲地转过头来，之前的尴尬被远足的兴奋冲刷得荡然无存，"最近有个超好看的剧，要不要我'安利'给你们？"

不看韩剧的秦屿安和林小白紧张地摇了摇头，想起了曾经微机课被前桌强行推荐韩剧的时候，她非要揽着两人看一部剧，男主一出现就挡着屏幕嚷嚷着："不准看不准看，谁都不能和我抢！"

"你有一点点嫉妒过林小白吗？"山海突然凑上来问。最后一次考试，林小白基本稳居了第三，秦屿安第六。

秦屿安想了想，然后很郑重地摇了摇头，因为是真的，完全没有。在林小白经常看闲书语文却次次第一的时候，在她成绩扶摇而上稳居前几的时候，哪怕在察觉喜欢的山海也许喜欢着林小白的时候，都不曾有过。她是真心地喜欢并眷恋着高三（14）班的所有人，嫉妒只会像刻刀剜在自己身上，却对别人的优秀不损分毫。她终于想清楚了，她喜欢林小白这样的姑娘，也希望能变得和她一样，温柔勇敢，稳妥善良。

秦屿安看着满树的梅子笑得眼睛都快看不见了，山海也就卸去了担忧。

终于在一边聊天一边打闹的情况下到达了远足的终点。大家站在梅子山顶的塔上，塔下林木苍翠，隐隐挂着半红的梅子，大家合照的合照，用自拍杆自拍的自拍，也有人看风景寻找着学校在哪儿。

数学老师扶着老腰望着这辽阔的风景，再看看笑得灿烂的大家，动情地说了一句："这时候解一道数学题该多么美妙啊！"

"……你走开！"

全国普通高等学校招生考试

高考前山海和秦屿安一起去吃早餐，走到学校门口，秦屿安看着提前张贴好的红色横幅，日日夜夜的努力融化成平生最大最灿烂的一个笑容。

山海笑着说："还是你不迷茫的样子最好了。"

"嗯。"秦屿安重重点了点头。"前几天真的很紧张又迷茫，真正站在这里却很轻松，我好像不是一个人站在这儿，而是带着努力了十二年的自己站在这里。我想去厦大，想成为更好的人，也很开心能和班级里的人坐在同一个教室两年半。无论结果如何，我都不后悔了。"

尽吾志也，纵不能至者，可以无悔矣。

"山海，你在想什么？"

"我在想，很想把你大笑的样子画下来。"

"高考加油！"

"高考加油！"

高考结束啦

毕业那天晚上，大家唱了整晚的歌，离开包厢后已经很晚了，秦屿安回到家里，发现班群依然热热闹闹吵吵嚷嚷的。

秦屿安想了想，发了一条消息。

"高中三年，你们印象最深的事情是什么啊？"

"衬衫的价格是九磅十五便士，所以你选择C项，并把它涂在答题卡上！"

"数学老师永远只有那几件衣服！还有一身烟味！"

林小白："三个同桌坐在一起聊天，时间过得很慢，知道高考会来但又遥遥无期的那种感觉。"

山海："搬书的时候深深地看了她一眼，最终什么也没有说，高中就这样结束了。"

"快说快说是谁！"群里炸裂了一般逼问着。

秦屿安关掉手机。

两年半的同班生涯，她不是最合群的那个，不是最爱笑的那个，不是最热衷集体活动的那个。

她无法做到和每个人都熟悉，永远成为不了朋友很多的核心人物。可是她依然舍不得每一个人，一个伤感的念头仍然不可遏制地浮出水面："我们再也无法相聚了。"

明天，我们再也不需要早起匆匆吃早餐，再也不需要坐在同一个教室里，再也不用穿宽大难看的校服，再也不用面对着没有尽头的试卷欲哭无泪了。

那晚之后，班群再没有这样热闹过。

林小白考上了一个不错的学校，山海去了外地复读。暑假的时候秦屿安收到了一个包裹，是山海的画册。

里面画着一百幅秦屿安，写作业的时候、沉思的时候、发呆的时候、揉着林小白脸的时候……

有一幅是高考前，她站在校门口，大笑着挥手说再见，说高考加油。阳光是暖黄色的，深蓝色天空被他用水彩反复渲染着。

有一幅是在被烟花照亮的楼道里，秦屿安问他："你为什么要转班啊？"

下面用歪歪扭扭的字迹回答着："因为好奇想看看你，反正要复读，不如找个行动力强的同桌受受感染，结果阴差阳错，真的被狠狠'感染'了。"

本子右下角有被潦草擦掉的痕迹，秦屿安迎着光慢慢地看，有一行小小的："我很喜欢你啊。"

她突然想起那天窄小的楼道，山海点亮了一支烟花，照亮了她微微发红的双眼，照亮了少年深深的眼眸。

却黯淡了那些涌动的温柔，未明了的心意。

只差一点点，我们就能相遇了。

最后那颗夕阳

砖

1

格涌是捧着一颗破碎成了一地的心来迎接我们的。

"我怕是不行了。"

早上她头上系着花环,手腕上响着铃铛,握着橘红色和天蓝色的充气棒的双手就没停止摆动过,脸蛋红扑扑的,整个人像打了鸡血一样亢奋。校运会还没开始,她就全副武装,激动得坐立不安,在班里跳来跳去,每跳一下,脸上的笑意就深一分。

我们看见了只是笑。

可如今她垂头丧气地站在我们面前,铃铛不再响起,充气棒干瘪顺从地贴在她大腿两侧。

"你你你别哭啊,"我看形势不对,赶紧好言相慰,"也不是非他不可不是,你看坐在你左边的老王,英姿飒爽,你看坐在你隔壁的老李,孔武有力,你再看看……"

"那能比吗!"她抬起头,眼底不再有平时嬉笑怒骂的影子,"啊,好想哭啊。"

我无言以对。

"我失恋啦！"她站在操场中央，仰头大喊。

2

格涌的春心萌动是在初一。当时的期末考是初一初二混合考试，她所在的教室，有初一（4）班和初二（4）班两个年级的学生。

那天无比衰的，她的听力耳机坏掉了。

倒霉蛋附体的她硬是这里借电池那里借电池，在无数次试验过后，她听天由命，绝望地上讲台通知了老师。

这时，你也想到了。有个男生从最后一排走上讲台，他的手里拿着一只黑色的耳机。

格涌看着他一步一步向自己走来，在她的眼里，他好像被镀上了一层金光。她的眼睛自动对焦，视线里只看得见他。

同属一个"试室"的我们也见证了这一切，当时的格涌，眼底猛然射出两束见到金子一样的光芒。

顺理成章地，格涌无比害羞地接受了初二（4）班的柯皓东从天而降的救助。考完试后耳机是还回去了，柯皓东却在她的心里，烫下了一个非常耐人寻味的金点。

用格涌的话说，长得那么帅的男生还那么富有爱心，实在难得。

我说，你也不看看你当时一脸没了耳机试也不考了的颓样，你男神是看不过去才动了恻隐之心的。

是动心。她纠正我。

我要吐了。

从那以后，格涌开始了追随男神的脚步。她天天中午拉着我们去他班级外面，隔着玻璃窗，富有感情地凝视着他男神的座位。

这样的行为持续了半个学期，以至于百无聊赖到只好到处张望的我们，几乎要背下他们班黑板上周一到周五值日生的名字。

我们劝她干脆问问别人他的联系方式什么的，只是一向大大咧咧的她，对这件事却迟迟不敢。

有天她偷偷告诉我们，她从别人口中得知，柯皓东喜欢含蓄温柔的女孩子，过分主动不好。

我们看了她间歇性抽风的模样，觉得脱胎换骨的难度很大。

每当迎头碰上他的时候，她都会低头抿嘴，面带微笑，做娇羞状。他走过去后，她就连忙转过身，现出原形："有没有？他有没有看我？有没有？"

我们为她每次的卖力表演感到心累，何况他的眼神从来没有在她身上停留过。

废话，谁会把目光停留在一个只会痴痴傻笑的人身上。这种感觉像看到一个明明是大脚丫偏偏要用三寸金莲走路的人。

好在柯皓东完全不记得有她这么一号人物，根本无从亲眼见到她的真实面目。

不过我们全班同学，相信到很久以后都不会忘记柯皓东这个名字。他作为格涌的心上人，已经和格涌的名字紧紧地拴在一起。

每年九月一日，你都能看到她风风火火地跑到新班级，抱起柯皓东曾经坐过的桌子就不放松，像个孩子一般噘着嘴朝全班宣布：柯皓东的桌子和椅子都是我的！谁都不许动！

那种时候全班的人都非常好笑地看着她，一个耳机开始的一见钟情啊，竟默默地就延续了这么久。

3

柯皓东是学校田径队的队长，每天放学后会带领田径队在操场训练。她就跑到田径场，席地坐在跑道中间的草地上，边温书边偷偷看他帅气的面庞和健硕的肌肉。她喜欢看他穿那件黑色的队服，衬身材。

当然，不穿更好看。她在一旁，眼露憧憬之光。

每当看到他和女队友说话时，她的手就死死地揪住身边的一撮杂草，等到他们分开才慢慢松开。观察了好几天后，她很满意于没有什么特殊状况，就春风满面地边揪着小草边明目张胆地投射爱的秋波。

我迟早会追到他。她信誓旦旦，毫不掩饰。

柯皓东在训练完和队友一一道别后，就自己一个人在操场跑步。他总是戴着耳机慢跑，跑到夕阳渐沉。而她就偷偷跟在他的身后，她才懒得跑步，可有他在前面带着，一点儿都不乏味。

他也并没有注意到后面有人刻意跟着自己，他专注于听歌和跑步。

格涌偶尔仰着脸，感受着落日的余温。风缓缓擦过她耳际，她听到他们此起彼伏的粗重呼吸和同时落下的脚步声，感觉好像融为一体一般。整个操场渐渐只剩下单薄却有力的声音。

在那个时候，她真心喜欢这夕阳，她真心喜欢他。

有一天，照常在前面跑着的柯皓东突然停下脚步，转过身来看她。她刹不住车，差点儿撞到他身上。

他微微扶稳了她，她的脸顿时红得像块烙红的铁，心跳随之加速。一脸忐忑，不敢看他。

跑得不累啊？他笑看她。

她咬住下唇，拨浪鼓似的摇晃脑袋。

她当时心想，阿弥陀佛，还好面红心跳是跑步后常见症状，不然真要被羞死了。

你叫什么？

她的脑子完全属于发烧状态，接收他的声音变得十分困难。

她此前在心里想了一大堆独特到足够吸引人的自我介绍方式，此刻一切都被抛到九霄云外，存档完全空白。

于是磨磨蹭蹭，始终吐不出一个音节。

他垂眼一笑，把耳机摘下来，轻轻塞入她耳朵。

戴耳机跑吧，比较不容易累。

这是怎么一回事？格涌整个人呈蒙圈状态。

这一次暧昧，足够她添油加醋跟我们描述很久。

要不是后来发生更为惊天地泣鬼神的事情，我们一定会把这当成现实生活中最富有言情气息的片段。

反正当时我们纷纷表示柯皓东一定对她产生了兴趣，希望她乘胜追击。她却在托别人归还柯皓东MP3后，再也不去跑步，几乎是躲了起来，在教学楼眺望他在田径场上凝成的小小身影。

问她，她也只说，不知道该怎么面对他，希望自己能在他面前更自如后，再和他深入交往。

我想留给他最好的一面呀。她笑得灿若云霞。

可她始终没有等来这一天。她初二的时候，他初三，鲜少再下操场跑步。她还是不敢去找他，我们都笑她，喜欢一个人以后，整个人都变得畏畏缩缩，胆小如鼠。

他中考前夕，她跑去孔子庙为他烧香祈福，紧张得像自己要上考场一样。

她双手合十，闭着眼睛念念有词，希望他考上他理想的学校。

他去哪儿，我就去哪儿。

4

次年九月，她踏入了他的高中。

他到她的班里宣传社团的时候，她整个人癫狂得语无伦次。她等不及传单传过来，在众人的目瞪口呆下三步并作两步跑去讲台登了记。当时两个师兄饶有兴趣地看着她，他也在一旁温柔地注视着她。

感觉到他的目光，她羞得不敢回头看他，脸红得被蒸熟了一般，头顶上好像还冒着缕缕青烟。

其中一个师兄异常兴奋地说，哇，看来这个小师妹对跆拳道很是热爱呢！

欸？

跆拳道？

她就这么敢为人先，进了跆拳道社团。

结果进了之后，半个柯皓东的影子都没见到。

抓个师兄问问，原来柯皓东是宣传部部长的室友，那晚被那个师兄拉出来吸引妹子。没想到战功赫赫，成功招来好几个小女生。

岂有此理！她气得咬牙切齿。

师兄八卦地问，怎么，你也暗恋他不成？

暗恋个头！她恶狠狠地说，老娘明恋！

师兄被惊到，现在的小高一都这么勇猛了哇。

她没打算退团，毕竟练着练着倒也蛮喜欢。而且既然柯皓东是宣传部长的室友，没事也会来这儿晃荡晃荡吧。

结果没有。她只能郁闷地和八卦师兄成了好朋友。

她从他嘴里知道了不少柯皓东的事，关于女朋友，她旁敲侧击过，他却说柯皓东这方面蛮低调的，别人很少知道。

不过他警告她，喜欢就要抓紧啊，柯皓东这人很难说。

她低头沉吟了一下。

再等等吧。

等到什么时候？

校运会？

5

校运会前，她火急火燎，把那本比赛名单翻得要烂了，终于找到他的名字。

八百米，柯皓东。

有一撮小小的火苗在她眼里点燃起来。

凭着这个念想，她天天激动得睡不着觉。据她室友说，她半夜还说梦话，念念叨叨，要赢，要赢啊。

终于等到校运会，她整个人装饰得像一只五颜六色的小蜜蜂，把脸上的笑颜酿得像蜜一般甜。她买了水和零食，想在他到达终点后递给他。他会对她笑的吧？他会说，初二那年怎么不再见你下来跑步呢？我等了你好久。想到会发生这一幕，她掐着别人的手就开始微微发抖。

校运会开幕后，她没看其他人的比赛，一心一意等着他。

她说，最好的掌声和尖叫，一定要留给他。

我们预祝她成功，四年了啊，柯皓东在她心里扮演的角色，已并非是一个大哥哥了。

她早早蹲守在起点，看他摩拳擦掌，看他和别人谈笑风生，有时在默默放空，思考着什么。她站在最前排，突然鼓足了劲大声喊："柯皓东，你要赢啊！"周围的人心照不宣地微笑。

柯皓东被吓了一跳，转过头来也向她礼貌地一笑，眼底却只剩陌生的感激。

她一愣，但旋即又投入状态，发疯似的在头顶上空用力拍动充气棒，为他造势。吓得旁边的人纷纷闪开，怕被暴击。

枪声一响，他如箭般跑去。

她忍不住大声叫喊他的名字："柯皓东！柯皓东！柯皓东！"

她在草场上陪他跑起来，她已经跟不上他了，可她喊出了三年前不敢喊的话。

三年前的那片夕阳，融化了她的勇气和无畏。而今天她已不再害怕，她不怕，她不怕他觉得她主动。

这是她最真实也最发光的一面，她已经不怕展示在他面前。

随旁人怎么看我吧。

她提前跑到终点，汗流浃背，感觉像和柯皓东一块儿跑了场八百米。她手里紧紧握着一瓶水，在终点的人群中，对远远跑来的柯皓东毫不掩饰地高声大喊："柯皓东加油！柯皓东加油！"他把第二名遥遥甩在身后，所到之处刮起了一阵风和尖叫。她看到他向她跑来，那一刻她甚至觉得眼眶温热。

她的心跳越来越快,越来越快,他要赢啦,他就要赢啦。

他毫无悬念地冲过了终点线。

格涌的尖叫划破天空。

6

可后来发生的事,谁都始料未及。

这件事甚至很长时间都是我们学校茶余饭后的谈资。

八百米第一名柯皓东,在跑过终点后,无视在场所有的裁判、老师和同学,直接忘情地紧紧拥抱了他的女朋友。

这种偶像剧般霸道浪漫的场景,竟然会出现在我们学校里!女生们纷纷羡慕地,少女心开始泛滥。

当时在场的欢呼声和掌声之大啊,像一波一波的浪,瞬间湮没了其他比赛选手。

还有一个人,估计我们得去打捞打捞。

于是回到开头那一幕。

7

他不记得我了。她蹲在地上画圈圈。

他借了我两次耳机,居然不是因为喜欢我。她嘴巴一撇。

不是说还没女朋友的嘛,再等我一下啊。她的语气越来越酸涩。

我们面面相觑。

换成别人,我们一定会搜刮出其他东西来敷衍她:比如是他没有眼光啦,他女朋友都没你好看啦。然后再在心里暗暗想,太自作多情了吧,还以为人喜欢你。

可是面对格涌啊,我们没人说得出来。

格涌是一个很直白的人。她的喜怒哀乐全部明明白白地写在脸上。她高兴，鼓动得你的嘴角也上扬起来，她难过，也从来不心口不一地说自己没事。

她和别人不一样的地方，从来都是她的真诚。

可是她面对喜欢的人的时候，一开始就把这种可贵的东西，悄悄地隐藏起来。在别人面前直爽地表达感情的她，在他面前却迟疑，却掩饰，却后退。

或许喜欢一个人就是这样吧，害怕他看破自己的小心思，害怕自己还不够好到让他把自己的手牵住。

我们默默在草地上坐很久。

校运会已经结束，负责打扫卫生的同学来到格涌身边："同学，你这两根充气棒要不要扔掉？"

格涌有点儿恍惚地看着还紧紧握在她手心的那俩已经漏气得很丑的棒，眼泪突然掉下来。

那个同学慌了，手足无措地看看我们。

又不是第一次哭了，哭过就好了。我们反而安慰那个同学。

初三的时候她也没少难过。有了奋斗目标，她慢慢觉得压力很大，之前落下太多，只能天天开夜车到两点，脸色变得难看得很。后来一次考砸了，她干脆哭了出来，谁劝都止不住，一个人夜修旷课到操场跑步，回来就好了。从那以后，她又恢复了常态，只是放学后，她一个人会去操场跑步，边跑边听歌。

"我去跑步，这个扔了吧。"

她爬起来，拍拍裤子上的草，跌跌撞撞地朝跑道走去。

她起初浑浑噩噩地跑着，像被抽去了灵魂一般。到后来速度越来越快，直到她跑至跑道远处，我们已经看不清她的脸。

我多希望那卷起的风，带走她的眼泪。

我不知道初三的她每次跑步，MP3播放的是什么歌曲。她从不告诉我们，像保留心底一个最珍贵的秘密。

不过我猜，是柯皓东为她戴上耳机的时候，那沉在她心里的旋律。

我抬头望天。

初秋的夕阳，像少女抹着淡淡胭脂的脸蛋。那么娇软，那么恬淡。

又像少女见到爱人的样子，羞赧情怯，欲迎还拒。

不知这个天空，是否和格涌三年前喜欢的一样？

这个心怀孤勇的女孩儿，我们都那么喜欢。

那年苏州，春意正浓

  直到今天，岁月已经归于平静，我还常常回想起那次任性的出走，越来越明白当初的自己确实偏激，可从未后悔。不光因为这是我曾年少的见证，也因为我渐渐意识到——如果没有那次离家出走，或许我永远不会知道原来姐姐对我的爱护到了那样的地步，更无法改变自己对班主任和爸妈的偏见。
  而我曾以为的他们对我的梦想的不理解，不过是因为他们更懂得这个世界。

后来，我又去了很多次苏州，走过古镇，游遍园林。而我对那座城市最深刻的记忆，却仍旧停留在四年前苏州拥挤的公交，还有熙攘的街头那一家普通无奇的麦当劳。

那年苏州，春意正浓

莫小扬

那是我第一次去苏州，因为离家出走，彼时的我认为那是一场为了梦想奔赴的流浪。

犹记当初，初中毕业的我，进入了全市最好的高中，觉得自己最好的年岁才刚刚开始。开学后，才发现自己的想法有多天真——一个喜欢文学、写作，擅长文科的学生，身处在一所以理科著称的学校，似乎活成了一个笑话。看课外书会被当成是不务正业，无论你看的是《飘》，还是《红楼梦》。写除了作文以外的文章更是挥霍时间，被发现就逃不开一顿训话。

我甚至曾经看到班主任在自习课上，对着一个在做语文札记的同学说："这些东西其实并没有什么大用，不用做得那么精细。有这个时间，不如多做几道数学题。"轻飘飘的语气，那样理所当然。当时的我，愣愣地看着那个被班主任说教的同学，手伸进课桌触及里面的札记本，想想那上面认真做的段落摘抄和感悟点评，千言万语如鲠在喉，最终只变成自嘲一笑。更让我感到无力的是，这样想的不仅是学校的老师，还有我的爸妈。

周末回家的时候，我把在学校里写的文章打到电脑里，我妈看到了，瞥我一眼问一句："你在学校里就做些这个？"明显的不满，我打字的速度一顿，无言以对。

我也一度开始怀疑，自己是不是在虚度时光，可我无法放下。对付物理、化学已经耗尽了我的自信和力气，只有拿起笔写点儿什么的时候我才多少感觉到自己并非一无是处，我曾经在日记里写：文学是电，是光，是我不忍割舍的存在。

当时的我很认真地把写作当成自己的梦想。我想光明正大地写自己想写的文章，而不是在自习课上偷偷摸摸，像个小偷，边写边向窗外张望是否有老师过来。我想以此为生，哪怕为了它吃尽苦头，四处流浪。

那时的我在课外偷偷读了不少书和文章，看到很多人谈及文学——世俗的是这个世界，不容玷污的是自己纯粹的梦想。当时的我亦怀揣着这样简单的想法，却不知如何是好，能想到的唯一的出路，是离开学校，找一处让我可以安心写作的地方。

终于鼓起勇气和老妈提了这个想法，被否决似乎是意料之中的事情，可仍觉得难过。

最后的我，选择在一个中午走出学校，踏上了去往长途汽车站的路。我还记得那天的风很大，吹得我的刘海乱飞，吹得我的头脑里一片混沌。我觉得根本没人懂我的想法，他们都以为我不可理喻，也从未理解过文学对我的意义。所以我只能走，我想着自己已经这样恣意妄为，旷课逃学，被发现肯定躲不开处分。我一点儿都不怕，因为本就没想给自己留后路，准备好了为了自己的梦想漂泊流浪。

售票处的姐姐问我要去哪里，我选择了苏州。大概是因为它离无锡没那么远，而表姐也在那里。

姐姐啊，是当时的我唯一能想到可以依靠的人了。

长途大巴上了高速，我从车里向外望，高速公路的两旁一面是人家，白墙黑瓦，一片祥和。另一面却是冷冰冰的工厂，带着莫名的荒凉。我想着，只不过隔开了一条高速，就是这样截然不同的世界，而我的人生从此以后会不会也是这样：驶过这条高速，变成了两端。

从接到我的电话，到把我从车站接走，姐姐都没问太多，仿佛我只是心血来潮到苏州来旅行。她带我乘上公交，在拥挤的人群里接过我背上的包，喊我"小破孩儿"。

知道我没吃饭又带我去了麦当劳，坐下之后，我们终于能好好聊一聊。我说着说着就湿了眼眶，这么多天的压抑和彷徨终于再也忍不住。一张纸巾递到眼前，姐姐揉了揉我的头："做你想做的事就好了，跟着我也没关系，虽然我挣得不多，但不管怎样总不会把你饿着。"

我哭得更凶，也是从那一刻起，告诉自己以后一定要成为姐姐的依靠。

而这场逃离最终无疾而终，因为巧合来得太突然，当天姑姑刚好来苏州看姐姐，也就看到了我。爸妈当晚就赶了过来，把我带了回去。

回到家的那晚，我在围姐当天新发过稿里看到了自己的名字，那是我写稿那么多年来，第一次过稿。它出现在这样的一个夜晚，于我的价值，不言而喻。犹豫着把这件事告诉了老妈，她轻叹了口气，然后走上前抱紧我，让我一时有点儿无措："这很好啊，说明你的努力终于有了回报。以后你要写东西，也可以抽空继续写。可是你要答应我，以后有什么事，不要再乱跑了，好不好……"我忽视不了她话语中的哽咽。

我终于争取到了爸妈的妥协，可心中又涌起些许怅然。

我终于还是回到了学校。早操遇到班主任的时候，他如往常一样同我打招呼，没有批评和训斥，因为爸妈和他说我只是生病，自己回家了。

我松了一口气，暗暗庆幸。而遇到了班长之后，我才从她口中得知，这些事情根本没骗过班主任，他早就知道我是任性地出走了……

一时愣怔，我恍然间懂得了什么……

之后班主任似乎是知道了这些，又把我叫去，就在我惴惴不安的时候，又说："没关系的，这些事情在老师看来都很正常。不是什么大事，回去好好上课吧。"还是那样轻飘飘的语气，却和从前不一样……

老妈还带我去了心理咨询，心理老师和我谈了很多，而我记得最牢的是她说：假如你有一个闺密，如果天天和她腻在一起，时间久了你会厌倦。你要和她保持联系，但是又要有一定的距离。文学之于你，也是一样。你这么聪明，肯定懂吧？

自那以后，我开始抽空写文章，试着学会安排自己的时间。免不了还要为学业苦恼，但再也没想过逃离。

直到今天，岁月已经归于平静，我还常常回想起那次任性的出走，越来越明白当初的自己确实偏激，可从未后悔。不光因为这是我曾年少的见证，也因为我渐渐意识到——如果没有那次离家出走，或许我永远不会知道原来姐姐对我的爱护到了那样的地步，更无法改变自己对班主任和爸妈的偏见。

那时，离家出走的我觉得自己背弃了这个世界，而回到家和学校后，才明白是他们原谅了幼稚的我。

而我曾以为的他们对我的梦想的不理解，不过是因为他们更懂得这个世界。

梦想是美啊，但如果我没办法使自己不断成长变好，我的梦就会变成脆弱的泡沫，在光下闪着迷人的光，却一触就破。"孩子，我要求你读书用功，不是因为我要你跟别人比成绩，而是因为，我希望你将来会拥有选择的权利，选择有意义、有时间的工作，而不是被迫谋生。当你的工作在你心中有意义，你就有成就感。当你的工作给你时间，不剥夺你的生活，你就有尊严。成就感和尊严，给你快乐。"

很多年后，我翻开《亲爱的安德烈》，终于明白高一时的自己，虽然读了那么多的文章，但漏了这最重要的一篇。

那些年，我们深夜吃过的美食

林 11

1

最近黄磊老师的《深夜食堂》被吐槽火了。我特地看了日版电视剧，两部剧确实看起来有差别，但这并不妨碍我对美食的热爱。在我的印象中，能够记起味道的深夜美食有三次。

五岁的我被寄养在外婆家，每晚都是遵着老人的生活作息，八点四十分洗脸刷牙洗脚，上床时间通常是九点。我爸的下班时间是八点半。我家跟外婆家隔着很远的距离，一座山跟一个镇。很多时候，我会连着一个月见不到爸爸妈妈，有时候会固执地守在客厅里，看着墙上古老的时钟绕了一圈又一圈，然后"咚咚咚"敲到九下，外婆就催着我去睡觉。我打着呵欠却还想再等一会儿，因为觉得爸爸今晚会过来看我。在几次希望落空后，我便不再相信我的预感，早早爬上床睡觉。

有一天夜里，我迷迷糊糊地被叫醒，拖着拖鞋打着呵欠走出房间，就看到爸爸坐在客厅里。我开心地扎进他怀里，"老林啊，你都多久没来看我了？""是是是，老林错了。"外婆在旁边笑骂道："没大没小的。"爸爸接着拿出一个大盒子，"坐好咯，看我给你带了啥？"我好奇地看着他打开一个包装精美的大盒子，拆掉红色丝绸带，拿出一个圆形的看起来就很好吃的东西。"这是不是电视上的那些蛋糕啊？""对，你等一下，我来切。"爸爸小心翼翼切成四份，然后把他那份的水果和巧克力都拨到我的蛋糕上。我虔诚地闻着蛋糕，看着上面满满当当的水果、巧克力，迫不及待地叉起一块来，"不苦，真好吃！""慢点儿吃，奶油都蹭脸上了。"最后我把盘子都刮得干干净净，还把外公吃不完的一半也吃掉了，甚至吮了吮手指上的奶油，"好吃！爸爸明天要买一个给韬韬！""爸还买了一个呢！待会拿回家给你妈她们吃。"那是我第一次吃蛋糕，从前电视里遥不可及的东西尝到了，觉得难怪那么多小孩子都喜欢吃，简直比外婆做的鱼松还要好吃。我想以后回家了要跟玩伴们吹嘘下，我吃过最好吃的蛋糕了，镇上都没得卖的蛋糕。想着想着，迷迷糊糊就睡着了，连爸爸几时走的都不知道。

2

上初二那年，我前所未有地叛逆，喜欢做出格的事情惹我妈生气，比如烫非主流的头发、看小说、旷课、罢考、谈恋爱等一系列违背我之前乖巧懂事形象的事情。看到我妈气得直跳脚，我心里竟然是暗喜，感觉成功地报复了她前十三年对我的放养式教育。

记忆里最深刻的一次争吵，我骂了她更年期，她冲过来给我一巴掌，而后愣愣地看着自己的手；我则是捂着脸，摔门而去，一滴眼泪也没掉，心里委屈地想着"我爸都没打过我，你居然打我！"而不是反思自己的过错，甚至中午也没回家吃饭，骑着自行车绕着小镇一圈又一圈地逛，闻着家家户户传出的饭菜香，咽了咽口水，熬到上课就去上学。待到晚上回家，看着餐桌上摆着三人的饭碗，冷哼一声，径直回到自己房间。整整一天，除了早餐吃的肠粉，再未吃过什么东西。

直到八点多爸爸回家，过了一会儿他敲开我的房门，叹了口气，"出来吧。"我趿拉着拖鞋不情不愿地走出房门。客厅里播着电视剧，我妈靠在沙发上。爸爸端来一碗面，摸了摸我的头，"吃吧。"就好像什么事都没有发生过。那一瞬间是形容不出的感受，汤面上躺着金黄的荷包蛋，撒上葱花、香菜、碎海苔，格外好看，旁边还卧着一根煎过的红肠……我大口大口地吃着面，眼泪也大颗大颗往碗里掉，又委屈又嫌自己丢人，跑到厨房痛快地边吃边哭。末了，还把整碗汤都喝下去，那可能是我爸发挥最超常的一碗面了。

到现在我都没原谅那时候的自己——又狂妄又自以为是，伤透了我妈的心，丢光了她当老师的脸面。真想回到十三岁那年给自己几个大耳光，可是谁都明白时光不可能倒流，所以我只能趁现在，加倍对我妈好，做回那个乖巧懂事的女儿。

3

高三的时候，跟很多朋友闹掰，倒也不是因为什么大矛盾，大概是我压力太大，又不会控制情绪，一不顺心就得罪了很多朋友。可万幸的是，还有一个人始终陪在我身边，现在我都觉得她怎么那么好呢？简直就是老天送到我身边来的Angel。

我们很多次没去上晚自习，反而跑到宿舍，开着小台灯在我床上自习。她的理科尤为不好，每次跟她讲题，总能气到我边磨牙边敲她的头，"你怎么还不懂呢？"她却笑眯眯哄我，"好，别生气，你再讲一遍嘛。"这么可爱温柔的女孩子却能在我被"千夫所指"时挺身而出，大大方方陪在我左右，表明她的立场。她曾经跟别人说过，"我信她，她不是你们说的那种人"。我所有的自负、骄傲、冷漠，不过是因为想伪装掉潜藏在心底的自卑、懦弱和不果敢，她却能轻而易举看穿，不怜悯、不同情，用平等的态度陪伴我。我想我还欠她一句"谢谢"。

我们在每周六晚上，都会买很多小零食，最喜欢的是三块钱一大包的盼盼薯片，牛肉味的，两块钱一瓶的可口可乐，摆在小桌子上，坐在宿舍的地板上，两人边吃零食边开着玩笑。薯片嘎吱脆的声音，可乐开盖冒泡噗噗地响，汇成夏日的乐章。偶尔也会买几瓶纯生啤酒，找小卖部阿姨借开瓶器，两人喝着啤酒痛骂学校居然没有烧烤卖真可恶，甚至也曾大晚上不睡觉跑去宿舍天台上看月亮星星、谈理想……高考前做尽了疯狂的事情，也许诺大学还要在一起。现在我快毕业了，两人隔着茫茫两千公里，隔着屏幕分享着喜怒哀乐，有时也会约好在同一时间做同样的事情，再把照片PS到一起，这样就好像我们从来都没有分离过。

也许这些我觉得是美食的东西，在旁人眼中没有什么独特可言，但是很多东西，你没有经历过就不会懂个中滋味。我仍然很感谢这些年的成长，这些深夜吃过的东西，它们每一样都有它的故事，每一样都有它的意义。

相 杀 记

齐花蛋

1

孽缘起自高一，发展至高二。刚开学这人特高冷，军训五天只主动跟一个人说过话，其余时间冷漠、冷漠、加冷漠。直到军训完换宿舍，小花抱着一套《盗墓笔记》往书架上放，我当即两眼发光："你也看《盗墓笔记》吗？"

小花转过头来，依旧高冷的表情，脸上明明白白地写着："你说呢？"

"除了《盗墓笔记》，我也看动漫的。"

然后小花笑了，笑了……

我立刻退后了几步，默默平复了一下手臂上的鸡皮疙瘩。

孽缘由此结，不知道是幸还是不幸。

2

最近几天运动会，我们两个人浪得飞起。

小花第二天下午才有一千五百米的项目，于是上午依旧悠闲地看别人的表演。主席台上播音员依旧尽职尽责地播着稿子，这时候来了一句《爱情公寓》里的经典台词，"最好的朋友，就在身边；最爱的人，就在对面。"小花是个善接茬的人，播音员刚念了上句她就接了下句，然而事实出现了神转折："想爱的人就在终点。"

请"脑补"那个不爽的表情，小花现在就是这样。

然后她项目也不看了，一个人走到草地上去了。

我跟上去，"咋啦？"

"想爱的人就在终点，如果花儿爷在终点，我分分钟跑个第一给你看。"（小花长跑超级厉害，短跑原地爆炸）

原来只是因为这个郁闷（黑线）。

"没事，我在终点。"

"你？"她用鄙夷的眼神看了我一眼，"哼！"（高冷的状态就是这副鬼样子）

结果这货还是跑了第一。扑过来给我一个熊抱后就去找扇子了。这丫头，嘴上从来不认输，唉！

然而她找扇子只是为了让我给她扇风，看她第一我就认了！扇了十几分钟感觉手臂被掏空……诡异的对话由此而生——

"皇上，您凉快了吧？"

"爱卿果然深得朕心。"

3

小花智商不低，情商不高。

运动会第三天，热得想死。小花先去了体育场，我在后面。我到的时候震惊地发现，这货竟然和一个男生共撑一把伞坐在看台上。我收敛了一下下巴，坐她旁边。

好不容易那个男生走了，我问她："为啥你俩共撑一把伞啊？"

她一脸无辜："热啊。"

"所以呢?那个男生非要坐你旁边?"

"正好我有伞啊。"继续一脸无辜。

我扶额,我服了。

4

小花的习惯是:不管困不困,第四节课课间一定要"小花瘫"。

一般我是不会打扰她的,但有时人在江湖,身不由己。

"小花。"我小心翼翼。

"有事请奏,无事退朝。"她睡眼惺忪。

"陛下,臣有本要奏。"

"不听,退朝。"

……

这货怎么那么任性!

5

小花最近在重温《盗墓笔记》,于是画风又诡异了。

晚读时间,大家都在认真读书,而这个打锣的依旧沉迷《盗墓笔记》不可自拔。她突然一下一脸痴笑。

我拿手捅捅她,"你又抽风了?"

"我看到阿宁出场了。"

"所以呢?"

"我好想看蛇沼鬼城那一本,有瞎子出场。瞎子好帅,瞎子好帅,瞎子好帅……×N。"某人笑得一脸痴汉。

这个高冷的人真是难得少女。

6

小花有一些丧心病狂的习惯，列举如下：

每天手比心说一句"瞎子爱你哦"（对花儿爷说的。骨灰黑花党！）。

自诩为"行走的表情包"，擅长滑稽表情和无所畏惧。

因为喜欢花儿爷喜欢上戏曲和戏腔。对她而言，晚读时间＝唱歌时间。状态好的时候好听，状态不好可以直接拿去做鬼畜。

走着走着会突然念"小哥，吴邪，小哥，吴邪……"完全不顾及路人的感受。

把一首歌唱出无数个版本。

7

我和小花都逛B站，并且妄图成为up主，而小花最近中了极乐净土的毒不可自拔。自从她看了一个朋友出的小哥的《极乐净土》后，心心念念要出黑花的《极乐净土》，于是恐怖的事情发生了。

"你上课摇头晃脑的干啥？该吃药了？"

"我的脑子里循环着《极乐净土》，忍不住。"

"……"（厉害了我的花！）

（奈何这货拖延症＋没有舞蹈基础，连蝴蝶步都还没学会，黑花的《极乐净土》遥遥无期）

8

这几天小花心情不美丽，主要是被《沙海3》虐了。

小花不喜欢在网上看书，所以一直没看《沙海3》和《沙海4》，还有《藏海花》2，后来不知道受谁蛊惑说沙海有给黑花发糖，于是义无反顾地去看了……

看完之后，她脸上写着四个字："蓝瘦，香菇。"

某天晚上她蹦上我的床委屈地说："我被瞎子虐惨了！你说瞎子是不是傻啊？为什么那么不惜命啊？什么叫死有余辜啊啊！"我看着眼前一把鼻涕一把眼泪的姑娘，有些心疼。

终于懂了她给我看的那张文字图，"你在书中默默死去，我在现实痛哭流涕。"

摸摸小笨蛋的头。

9

考完期中考之后，小花振作起精神开始学《极乐净土》，每天宿舍里都能听到她的鬼哭狼嚎："啊啊啊啊……这个怎么跳啊！""蝴蝶步好难，哭……"

问题是她又被收进了文艺会演名单，时间冲突一脸蒙，她都不知道该怎么办了！

《极乐净土》的道路还很遥远啊，但也不是遥遥无期啦！

生　管

三八四十一

有过住宿经验的同学们，大概都曾经见识过世界上某种战斗力堪比站在食物链顶端的贝爷的存在——生管。

生管，又名舍管、舍监，甚至美其名曰生活老师，多为女性，其貌不扬，长发及肩，身着一袭碎花连衣裙，内功深厚，五感灵敏，狮吼功修炼至大乘境界，轻功一绝，堪称不世出之高手。

事实上这并不是我第一次住宿，但鉴于前两次住宿分别是在军训基地和一个管理松散的夏令营，因此年少轻狂尚未能见识到生管的厉害，直到我搬进这所人称军事化管理的学校的宿舍。

刚住进来的半个月里，生管尚未显露出其狰狞的本质，给我留下最深印象的不过是她如同金鱼般的脑容量——我们宿舍虽是七人间，却只住了五个人，生管在我们住进来的头四个晚上里关于此问题问了不下三次，并且在此后的两个月里重复了不下七八次。用两个月的时间记住"B南221只住了五个人"真的有这么困难吗！！甚至在某一天晚上熄灯后她进入我们宿舍查寝，确定我们五个人都在后满意离开。然而相隔三十多秒后，我们的宿舍门突然又被打开，生管再次走进来确定我们是否到齐，摸了摸没住人的两床："你们宿舍只住了五个人吗？"我们纷纷点头："是的。"沉默半秒后，生管又问："欸？我刚刚是不是检查过你们宿舍了？"……这才过了三十秒啊阿姨！

九月份正式开学后，就像被照妖镜照过一般，生管开始表现出其作为一位中年妇女所能达到的极致苛刻和刻薄的一面：宿舍内务整理要求每个人的牙刷牙膏都得一左一右在牙杯中摆好，牙杯柄需一致朝外，否则就扣分；被子要叠成三角形，枕头放在被子上，否则就扣分；地板每天拖洗两遍，地上一根头发也不能见到，否则就扣分——你以为这是哈利·波特世界吗？你又不是麦格教授，我们也不是格兰芬多。与此同时，生管还给我们规定了各种不准：不准迟离，不准迟归，熄灯后不准看书，更不准开宿舍夜谈会……经常有艺高人胆大的妹子不甩生管这些规定，于是每天无论早晚在宿舍都能听见生管在走廊爆发出各种怒吼："大厅抓迟离了！快离开宿舍！""卫生要做好，2××的出来做公职！""熄灯了还讲话！不想睡就出来走廊站！"每当听到这般中气十足的吼叫，我们在内心暗自好奇不知生管师承何门何派才练得这样绕梁三日、余音不绝的狮吼功的同时，又忍不住发出一声感叹："真是心疼生管以后的儿媳妇儿啊！"舍友深有同感："以后要是去相亲一定要先确定一下对方他妈不是生管才能接着聊下去。"

生管有一项查寝的工作，具体就是在夜里熄灯后拿着把手电筒在走廊上晃来晃去，兴起时往某一间宿舍门上的玻璃窗格上扒一眼，看看有没有开卧谈会或挑灯夜读的。《我是特种兵》里的男主角有一句台词让我印象深刻："王八蛋才趴窗根儿呢！"此情此景下不得不让我对这句话表示举双手双脚赞同。值得一提的是，我们学校是建在一片坟场之上的，因此每间教室和宿舍门上都贴着符纸，纵然如此也挡不住那悠长的宿舍走廊即使在八月正午走进去也让人冒起一阵森森寒意。而生管竟敢在午夜里在这样的走廊上来回晃荡，由此可见其身上煞气之重啊！就连舍友作为一名无神论者也忍不住感慨："就算真的有鬼，见了生管这样的女人也会怕吧。"

上历史课时，老师提及武昌起义的偶然性。他告诉我们武昌起义时革命党主要领导人其实都不在，之所以会爆发武昌起义，一方面是镇压四川保路运动导致武汉地区兵力空虚，另一方面是在起义的前一天晚上几个新军中的革命党人在夜中聊起起义谋划，却被查寝的军官喝止，气不过的革命党人怒从心底起、恶向胆边生，杀掉了那军官，掀起了武昌起义。也许是为了让我们更加深刻地体会到封建官僚仗势欺人的丑恶嘴脸，老师在形容那军官时生动形象地比喻道："就像你们生管一样。"当晚我们回到宿舍，熄灯后生管又例行在走廊内咆哮，我立刻身临其境般地感受到英勇无畏的革命党人对那腐朽封建官僚深切的不满与仇恨。奈何由于我们自身的软弱性和妥协性，纵然再对生管深恶痛绝，也实在有贼心没贼胆。我认真地告诉舍友："当我离开这破学校之日，就是发起第二次'武昌起义'之时！"舍友纷纷点头拍我肩膀："算我一个！""还有我！"

……盖余等对生管之恨且深若此。

一无所有的年纪有着最亲爱的你

杨欣妍

彼时的江南，流水伴着立春后的新鲜绿意在枝头起舞，公众号的留言和赞赏露出熟悉的头像，于是整个夜晚比窗外繁星璀璨更温柔。

最美好莫过于，时光走了你还在。

所以在异性之间有没有纯友谊这个问题已经成了高级辩题的时候，我一直都有两个亲密无间的男闺密，一个是H君，另一个也是H君。但这和鲁迅家那两棵枣树不一样。

我和H君在小学就是闺密，那时他有一个又甜又大的酒窝，小平头，像一棵巨大的多肉植物。

可能是多肉的水分比同类都充足，十五岁之前的H一直都是个爱哭包，我常常在他摔了一跤或者新买的课外书被老师撕掉的时候嫌弃地望着他，于是他哇的一声哭得更厉害了。

H哭得最厉害的一次在初二，我和H依旧被分在同一个班里。学校新开了一个编导艺术班，我整日里对着指着了无生气的黑板滔滔不绝的老师失神，笔尖不由自主流淌出一个又一个鲜美的故事。周围的人都蠢蠢欲动起来，每天下课铃叮咚作响的时候，路过的同学都会熟稔地说，"你的故事写得那么棒，不如去编导班吧。"

大概是眼看我的成绩无望，我把这个想法告诉家人，立刻引来了无数支持，于是晚上我兴奋地给H发了条大大咧咧的消息，"我要去楼上的编导艺术班了,听说每天晚自习都是看电影,羡慕不？"

H破天荒没回我的消息,第二天清晨,一进教室就看到H趴在桌子上哭,我扒开人群问他怎么了,他泪眼朦胧地望着我,哭得说不出话来,旁边有人插嘴,"不是因为你要走了吗？"

我哭笑不得,"只是去楼上而已,下课我就立刻来找你好吗？"

那天第一节下课,新的班里就闯进H的身影,他见到我,好不容易收回的眼泪汹涌而出。H哭了整整一个星期后,终于宣告了胜利,他帮我把桌椅又搬回了我们共同的教室里。

后来我常想,我们之间纯粹如日光的友谊能持续那么久,大概是那些年我们最远的距离就是同一个班里最远的斜岔线,没有距离产生美好。

都说女大十八变,十五岁那年的H喜欢上一个巧笑倩兮的女孩儿,他神采飞扬地跟我分享那个短发女孩儿的种种,耳濡目染中让那个女生成了我最熟悉的陌生人。

H收敛着心事熬到中考结束,那天晚上没有小说里百分之百出现的散伙饭,我躲在树丛后面让蚊子叮得不亦乐乎,H大胆地拦下那个女生,尔后红着眼圈跑来找我。

我猛然间发现曾几何时,H已经告别了放声大哭的时光,而那天,是我见过的他最后一次泪光盈满眼眶。

我没纵容他去大排档啤酒加烤串,升学的夏天,我陪他在操场上跑了不计其数的圈,一起挥汗如雨到精疲力竭。那年夏天漫长的雨季,H去了草原,风吹草低见牛羊。天空终于湛蓝的时候,H终于愈合了他的小伤痕,猛然间挺拔了起来。

那是第二个H出现在我面前。彼时的他像一棵挺拔的白杨,用一颗不知道从什么时候起开窍的脑袋熟练地完成各种试题,在高一的分班考后风光地跟我长江头与长江尾。

或许学霸班的环境养人,H猛长了一身气人的本事,也越发开朗。

我拿着满是红叉的试卷垂头丧气地找他,他笑嘻嘻地递给我一杯咖啡,"早上我妈现磨的,香到骨子里,知道你怕苦,特地加了几大勺奶精和方糖。"

我一鼓作气一口喝掉半杯,苦得面目狰狞,望着笑得直不起腰的H抄起笔记本追了他半个校园。

暖风习习,心里蓦地落进一大片向日葵般的明朗。

我看着远处脱胎换骨的少年,在我终止一段感情时他把我骗去影院看鬼片,一边陪着我尖叫一边在我随口猜中男主下一句是深情的"我爱你"时给我鼓掌,一失手把爆米花打翻在我身上,甜腻的香气中忍不住开始爆米花大战,嘻嘻哈哈像个住在永无岛的小孩儿。

H一直坚守三项原则做着男闺密,从不体贴、从不安慰、从不认真说话,可是那又怎样,我们都有彼此的生活,却在近十年的时光里彼此陪伴,做彼时最坚挺的后盾。

午后睡眼惺忪时收到H说重庆的街道很美,味道也很丰沛的消息,顺便让我去看那部《我的男闺密》。

我开玩笑,"你看别人的男闺密多好看。"

可是H,你永远是我心里独一无二干净的少年,陪伴是最长情的告白,男闺密也一样。我捧着手机像个偷喝了美酒的小孩儿,醉得格外香甜。

你快乐的样子就很潇洒

走 之

1. 起码在夏天的时候,我还算个游游荡荡的灵魂

我从一楼的"鬼室"里偷来一把崭新的椅子,靠在班级后门,多新鲜似的伸着脖子看屏幕上的校长。

突然听到走廊有人在虚伪地咳嗽。我转过头的时候,森温柔扔给我一听可乐,笑着挑眉。我拿着冰冰凉凉的可乐,嘴角很快就咧到耳根了,一蹦一跳和森温柔下楼。

高三在上体育课,学姐们的头发披散下来,在绿茵跑道上,好看到让我着迷。她们拉着我俩和体育老师一起拍照。

我看手机上自己笑得没心没肺的样子,有那么一点儿愧疚——人家要毕业了,你高兴个什么劲儿呢?但她们夸我可爱,我高兴地也觉得自己可爱。

我和森温柔坐在草坪里,说我家烦人的狗、那个去扫雪不参加期末联考的理科生,还有问我"厩"字怎么写的门卫大爷。

森温柔最后说:"走之,你都笑出鱼尾纹了。"

"那怎么去除呢?"

"最好就是跑步。"

那天跑步没流汗，空气也不闷，嘴里面倒是冰冰凉凉的，还有回荡着的甜味。

2. 我没感冒，而是得了奇怪的病，叫这个冬天

会考考完最后一科历史，我多大胆似的对着戴金丝边眼镜、总想抓我违纪的老师大口大口地嚼着饼干。

看着她气急败坏的样子，我露出沾着厚重奶油的牙齿笑着喊："拜拜了！"

我虽然一路"嘿嘿"，其实一点儿也不开心。

回到班级的时候，我又开始看校长。

我说："校长，你真人比屏幕上的帅。"

校长和老班说："这孩子心思不正，要严加管教……"

我和老班从相反的方向走，然后又火了——走之在学校走丢了……

老师派人找我的时候，我正站在二楼的平台上，身边安静得过分。

我想起出会考考场的时候，士心安慰我说："走之，你今年会考不过，明年补考，像你这个智商，后年还得补，补着补着你就有经验了，慢慢地，你这个文科生就能掌握理科基础知识了，可能就过了。"

那时候，我们身边走过同考场的一排理科生，"文科答案都写在题干上了，我都害怕拿全A。"他们和我打招呼，我笑得快哭了。

被同学押送回班的时候，我又突然被通知演讲提前了，然而我的演讲稿还和新的A4纸没两样。在我最迷茫的时候，却要演讲"我的理想"。

我说我没有理想，然后讲我是个没有常识爱做蠢事，耍小聪明还情绪化，关键时刻掉链子，笑得没心没肺却总折磨自己，而且根本就不开心的人。

"演讲结束，我还发现，我是个没有追求的人。"

老班点评的时候说了很多，我一直在看路灯下飘飞的雪。

期末考的前一天晚上，我在写字，像之前一样，写好多不完整的东西，然后模仿十七岁的郭敬明，准备第二天清晨戴着自己心爱的帽子

去考试。

而我第二天出门的时候，发现心爱的帽子落在姥姥家了，可怕的是我心爱的鞋子被我的狗咬掉了鞋舌。忍受不了在三九天穿单薄的鞋，所以我最后决定趿拉着老爹的一双大鞋出现在考场。

考场老师愤怒地白了我一眼，像是想起了几天前，那个牙齿上沾着奶油和她说再见的学生一样。

在这个小城市放肆地绽放绚丽的烟花时，我开心地点开成绩表，不可思议地在下半部分找到我的名字。

我和老妈说："如果老班找我谈话，就说我生病了。"

"感冒太老套了。"

"我的病叫，这个冬天。"

3. 也许，你真的是被上帝选中的那个

假期很长，我很抑郁。老妈劝我去看一场电影。

我睡了一整天，在晚上七点的时候，在开场一分钟前，我检完了票。

我很着急找不到第六排，感觉左手边有很炙热的目光，然后顺着声音寻找，体委正很惊喜地对我笑。

他帮我找到了座位，知道我是一个人后，就顺势坐在旁边。

我们看着屏幕上的广告，嘴里聊着作业，还有我们一样表带的手表。我说自己的好看，他笑着点头，并帮我拿掉手腕上的一根发丝。

我不知怎么，小学看抗战片都不舍得离开，这场电影我竟然去了两次厕所，满脑子都是为什么我和小学一样又弄丢了假期作业，演出的服装被我的蠢狗咬成了碎片，最爱的数学老师因为我倒数的数学成绩在怀疑我的智商。

大脑混乱之中，我问体委："这么浪漫的电影讲的是城市化吗？"

在我快要崩溃的时候，体委为我讲了一遍剧情。

"太晚了，我送你回家吧。"电影院开了灯，体委表情很严肃。

"没关系，打车也很安全。"我笑着却紧张得扣错了外套的扣子。

"那我送你坐车吧。"

我们走了很长一段路也没打到车。

我想张嘴抱怨点儿什么的时候，看到远处有个疯狂又熟悉的身影——我的蠢狗，它一边吃雪一边奔跑打滚。我叫了一声"皮卡"，它飞奔过来扑在我怀里。看我沾了一身的狗毛，体委在一旁笑得直不起腰。老爹老妈胖乎乎的身影，也慢慢在雪地里清晰。路上没有车也没有小孩子，皮卡有时候会开心过头而撞到树上。

走到岔路口，体委和我摆手说："你好幸福啊。"交换了一句"再见"后，便消失在路灯的昏黄色里。

在路上和奶奶通完电话，老太太可爱地说："我刚才给了你一个飞吻，你听见了吗？"

到家的时候，新买的演出服装已经挂在衣架上，巫云给我留言说不小心装走了我的假期作业。我终于走出家门去图书馆做导数题，静下心来读《平凡的世界》。我开始喜欢孙少安，开始结交朋友，开始说好玩的段子，也开始写有意思的文字。

我终于等到《神探夏洛克》的大结局，就像结尾说的，那两个挺差劲儿的人，喜欢离奇的案子，把尸体和食物一起放在冰箱里，过着光怪陆离的生活。但是，我们也都深爱着那两个人，不是吗？

我们都是有点差劲儿的人，都会犯蠢，做奇怪的事情，还会倒霉地受到惩罚，可依然有人爱着我们，包括我们自己。

我很喜欢对生活满足的自己，那样的自己特别潇洒，不小心笑得很大声都会觉得幸运。

生活总是难免有哭有笑，如同那句古老鸡汤："那些让你哭的事情，总有一天会被你笑着讲出来。"所谓少年不惧岁月长，大抵是多些简单，少些绝望。

路上冷漠的脸很多，可只要你嘴角扬着，你就是被上帝选中的那个——幸运，且快乐。

最美的时光,最美的你

我以为你向来是不屑于化妆的,你跟风买的那些化妆品都已在梳妆台上搁着落了灰。那天你出门参加同学聚会,我一时兴起给你往脸上搽了点儿粉,撺掇着你描了眉打了口红,你照着镜子看来看去说还真是不一样了。回来你高兴地跟我说你同学都说你越活越年轻了。我才发觉你只是没有时间,你把那些原本用来爱美的时间都用来爱我了。

最美的时光，最美的你

理 椎

或许这世上最好的便是，我尚年少，你还未老。

"哎呀不行，我要减肥呢，瘦人穿什么都好看，胖了什么衣服都不能穿。"你站在镜子跟前试衣服，大声跟我说。

"好啊，以后再别一天就看电视了，多出去运动运动，跳广场舞散步都行，我监督你。"我说。

兴高采烈地穿好衣服叫你出去运动，你却沉浸在芈月与黄歇的爱恨情仇里无法自拔，"算了今天不去了让我把这点儿看完。"

假期四十天，你的减肥计划就这样被芈月娘娘、林殊哥哥终止。

"宝贝，你听人家楼上小闫才高一现在就出去学习了，你怎么还不起床？假期不学习你就被人家甩远了！"早晨六点十分，你听见楼上小哥下楼的声音过来敲我的卧室门，"人家民勤一中的娃娃们这会儿已经开始读书了，这么好的时间你还在床上怎么行呢？赶紧起来看看书背背单词。"听我还没动静，你的声音一下子大了，"李乔！赶紧起！你不能总这样啊……"（此处省略一千字）

禁不住你的高音轰炸，我翻身起床，彼时天还未亮。洗漱完打开冰箱发现没什么可吃的坐回卧室开始翻书，你又来了，"早上吃什么，我去给你做，牛奶泡馍馍行不行？"见我摇头你并不高兴，"不吃早点怎么行呢？这马上就高三了，你不好好吃怎么扛得住呢？不然就出去吃些啥。""不想出去，冻得很。""你想吃什么我出去给你买，豆浆油条行不行？不好，还是凉面吧。"说着便拾掇着出了门，太阳刚刚升起，初中地理老师告诉我那是一天最冷的时候。

这只是一个开始，一整天你的嘴总是不闲着，说这个说那个唠叨个没完，说我这不好那不好叮嘱这个叮嘱那个，反正你总有说的。我问你是不是职业病，一天到晚跟小孩子在一起总觉得人人有各种你需要讲需要提的。你总是大笑着，不说话。

其实你对我笑的时候真的挺好看的。

收拾东西时你翻出了那个大影集，我过去趴在床上跟你一块儿看。我被一张你大学时的照片吸引，你披着头发剪齐刘海儿，穿格子连衣裙白皮鞋，抿着嘴朝镜头矜持地笑。"你那时候真美。"我说。可你竟不搭理我，我凑过去，你正对着一张我十一个月时候的照片出神，"你看你那时候那么小，现在也长这么大了，真快。"

元宵节那天我陪你在师大校园里逛，你给我指你当初挥洒汗水的体育系操场，你说你一个人扛着垫子练体操，你说你在那儿给同学们示范竞走动作，你说你曾在西站丢了学生证和还有二十块钱的饭卡心疼得不行，一路走过去发现你们的教学楼已经成了档案馆。你跟我说这说那，神采飞扬，那是你最美的时光。那个来自农村踏实认真却又不自信的女孩儿啊，何曾想过自己会是现在这个模样——为一个小姑娘操碎了心，啰唆得跟你从前不喜欢的母亲一个样，不再有时间做自己喜欢的事，不再有时间打理头发逛街买衣服，被无聊的柴米油盐酱醋茶占据所有时间。给她做饭洗衣服，叫她起床学习，给她上"思想政治课"，她嫌你烦嫌你做的饭不好吃，你也只是默默做好让她高兴，你纵容她呵护她，只因她叫你妈妈。

你的确有职业病，但那是一个职业妈妈永远改不掉的对女儿的关心与爱护的毛病啊。在我跟前，你的职业从来只是妈妈。

你说你一个人在家对着我的空卧室叫我的各种昵称，你说我一个带哭腔的电话打过去你就着急得满嘴起泡，你说我刚上高中那会儿家里没我你挂念得直掉眼泪，后悔把我送到那么远的地方。

在异乡求学的日子我总是想你，想你的唠叨你的啰唆，想念你并不怎么好吃的饭想你并不白皙的脸和有些臃肿的身材。那些曾被我嫌弃了好久的特点，却成了我最深刻的想念。

夜深了，我出门找水喝，电视还开着，放着你平时甚少看的纪录片，我正惊诧你口味的转变，叫你的时候才发现你已经在沙发上睡着了，歪着头，刘海儿胡乱贴在额头上，脸上写满疲惫。而我竟然看到了衰老的痕迹。

我以为你向来是不屑于化妆的，你跟风买的那些化妆品都已在梳妆台上搁着落了灰。那天你出门参加同学聚会，我一时兴起给你往脸上搽了点儿粉，撺掇着你描了眉打了口红，你照着镜子看来看去说还真是不一样了。回来你高兴地跟我说你同学都说你越活越年轻了。我才发觉你只是没有时间，你把那些原本用来爱美的时间都用来爱我了。

你终于开始爱美，像其他女人一样逛街、买衣服、敷面膜、化妆，我看着你惊叹，这才是最美的你。我跟你灌输所谓的美丽投资，而你竟对我言听计从。

你又拿出一堆衣服来试，我跑过去帮你搭配，而你竟然在一大堆衣服配饰里不知所措，站在那里任我摆弄。你换上一件大衣，我终于忍不住说："妈，你该减肥了。"两个人笑成一团。

我还是经常不听话，需要你的唠叨，而你依旧不肯减肥，眼光老土，但我依旧觉得这就是最美的你，你依旧为我付出而无怨无悔。

或许这就是最美的时光，我尚年少，你还未老。我给你"年轻人的美的建议"，你给我"有经验的人生的唠叨"，不急不恼，就这样打败时间的侵略，越来越美。而我们，就是这世界上的"宇宙超级无敌美少女"。

有一个姑娘

方 悬

高三时被班主任调了座位，坐在了两个女同学中间，其中一位，就是这个姑娘。

那时候我跟她还不熟，唯一的交流就是杂志和书籍。对，我们都喜欢看杂志、看书，尤其喜欢上课时偷偷摸摸地看，但是高三之后我就不大看了，也办起了学习这样的正经事，而她一直特别大无畏地想怎么看就怎么看，天天带课外书来班级看。

那段时间班主任查得特别勤，基本上只要看见课外书那就必须要没收。

而她被连续没收了三天。一天是倒霉，两天是点背，那三天是什么？

她垂头丧气地拿着书接受了一顿批评，而后哭笑不得地回来对我们说："以后你们就叫我高小衰吧！"

于是，"高小衰"就成了她的代名词，而从第四天开始，她就学聪明了，不再带课外书了，转而看起了那种小小的还没有巴掌大的小人书——《阿衰》。用她的话说：一块钱买两本，没收起来不心疼！

我是近视眼，这是不可改变的。但是我母后不这么认为，她一狠心斥巨资为我配了一副"E点零"——专门矫正近视眼的治疗镜，可以在任何时间戴，而且买的还是贵的那个蓝色镜片的。

有没有用另说，反正我是悲催了，我要随时随地掏出来一副蓝色眼镜戴上行走在人群中，全程面带"呵呵"式微笑。

就在某天，我拿出我的"神镜"戴上准备写作业，小衰看了一眼登时一声高呼："你好酷啊！你在装酷是吗？哎，你以后就叫'王装酷'吧！"

小衰，庄酷。大家是不是想起了点儿什么？对没错，就是漫画《阿衰》，于是我们的另一个无辜的同桌就被小衰钦点为大脸妹了。

夏天到了后，小衰便开始肆无忌惮地穿裙子了。小衰皮肤白，微胖，是一个很可爱的女孩子，穿起裙子来特别好看。而我们操心的班主任为了防止大家在紧要关头恋爱就禁止女孩子穿裙子。大家都有些不服，怎么穿什么还要受管制？于是大部分人依旧我行我素，而班主任就是看准了女孩子脸皮薄，但凡有人明目张胆违背她的旨意，她就要在课堂上点名批评，于是一段时间过去，除了小衰，我们班是雌雄难辨了。

小衰不是一般人，她大概从被没收书之后就憋着一股气，一定要反抗班主任！于是她不在意冷嘲热讽，也欣然接受我们一群怂人艳羡的眼光，天天换着花样穿裙子。

开始一阵子，班主任乐此不疲地批评，可小衰油盐不进，一段时间过后，班主任也懒得管了，而且只要看见小衰，首先是一阵重重的叹息。

因为看书多，小衰的文章写得特别好。我一直相信通过文字可以看出一个人的内心，在我看了小衰的文章之后，我便坚信她其实是一个细腻内秀的妹子。她的文字特别美好，其中几个片段我只看过一遍却至今记得个大概，她写阳光下跳着舞的灰尘，她还写纤细敏感的女孩子，我一直觉得她可以秒杀很多作者。

她会在偷偷码字的时候问我："哎，'chua'字咋写啊？"

我冥思苦想许久反问："有这个字吗？"

有一次我们做了杂志后面的测试题，三个人挨在一起研究这个选项探讨那个题目的，最后结果出来，我和大脸妹被预测为"大富翁"，小衰便很狗腿地挤到我俩中间捶捶这个人的肩揉揉那个人的腿说："以后你俩发达了可别忘了我呀。"

我和大脸妹就笑笑不说话。

后来一场考试冲淡了那个夏天里的一切回忆，大脸妹顺利考上了某所还不错的艺术院校，小衰也终于和她心爱的文学书籍长相厮守了。有时候我会想起一个阳光热烈的午后，围墙边满是翠绿的爬山虎，路边是一排修剪整齐的柳树，柔软的柳枝在地上映出好看的阴影，小衰抱着几本书走在阴影里，穿着一条班主任见了就会叹气的大红色长裙。我喊她一声："小衰！"她朝我摆摆手，这就算告别了。

那些不愿看见的目送

林桔莹

在寝室里聊天的时候突然扯到了我们读过的名著,我近乎羞耻地讪讪闭了口。我仔细地搜刮我所看过的名著,大部分都在小学的记忆里,但那又太久远,实在记不清。到最后竟只剩下龙应台的书。

我初中时读过龙应台的书,而那时的我只能读懂她温情的一面。我记得她的《目送》,读到这一篇的时候我近乎要落泪,我想到了我的父母——这是一种很奇怪的感情,当我和父母在一起的时候我不屑于谈这种感情,但不在一起,这种感情一经回想,想起自己做过的混账事,就忍不住为父母心疼。

龙应台的父亲在用拖拉机去送龙应台去大学上班的时候,他在一个拐角的小巷处停下,对龙应台说:"对不起,这不是一个大学教授应该乘的车。"

然后转身,拖拉机"突突"地开走。

他其实是一个很善解人意的爸爸。

也许人有了一定的文化修养就会产生这样一种心理,和我同龄的人几乎都不喜欢父母的一股乡土气息,所以不喜欢和他们去逛街——因为他们会像老娘客一样挑三拣四,甚至为了一点儿小小的零头和人大吵一架,这时候的自己就会默默地遮住眼,很想装作一副若无其事的样子告诉别人"我不认识他",因为他们是底层人民,够不上我们心中的高大上。

所以我不喜欢和妈妈挽着手臂走路。

这仿佛就是一个标志，告诉别人，这个又老又土的女人是我的妈妈。所以我喜欢一个人手插着裤兜大步走，让妈妈看着我的背影。

这个背影，我不知道我的妈妈看过多少次。真的，我从没有回头。

龙应台在书里写到，他的儿子安德烈十六岁时出国做交换生，在机场的时候他们拥抱，"我可以很明显地感受到这个十六岁的大男孩儿正在忍受着他妈妈的拥抱"，进机场的时候她看着她的儿子随着队伍一点一点地挪到检票口，她目送着她的儿子，期盼他能回头看她一眼，"可他没有，一次也没有"。

我记得我第一次坐车，两个小时的车程，我独自回老家。我的母亲骑着自行车送我到车站。她先送我上车，自己去帮我买一些零食，直到快要开车的时候我才看见那个瘦小的熟悉的人影推着自行车，拎着一大袋零食出现在视野里。她焦急地上车，把零食塞在我的手里，接着她走到司机旁对他说："司机同志，那个女孩儿，坐在第一排的穿红衣服的女孩子是我的女儿，到终点站的时候你一定要提醒她下车！千万要提醒她，不要让她睡过头了。那个，我的女儿。"直到司机连连答应到不耐烦地赶她下车时，她才恋恋不舍地回头，看着她的女儿，她最爱最爱的女儿，她的不舍、担忧，各种复杂的情绪含在她复杂的眼神里。车开了，她突然骑上她的自行车到她女儿的车窗前挥手，她笑着挥手，瘦削的身影骑着自行车渐渐消失在女儿的视线里。

她的女儿哭了，哭了一路。

之后就是她送我去初中、高中，都是坐公交车，她目送着我的公交车远去。

那时候她的心情，是不是和龙应台一样，我不得而知。

因为，之后，我再也没有回过头。

生命中总有一个人，会在你的视野里慢慢消失，你多么想追上她，多么想，但，她的身影总会消失在拐角处，告诉你：不必追。

我不愿看见父母沉重而又让人心疼的爱。也许是青春期，我不知道，这些爱太沉重，我不知该用怎样的面孔去面对，该用怎样的口吻告诉他们不要难过。

我不知道该怎么告诉你们，我很爱你们。

我的弟弟叫"二信"

南方九子

我开始为他的前途深深地担忧

我大名叫林莹,我弟弟的名字是林信。家里人亲昵地叫我莹莹,但是没法喊我弟弟一个男生信信,于是从小大家都连名带姓地喊他林信。

我考虑到我们之间深刻的血缘关系,觉得有必要更亲密一些,便按照他在家排行老二的地位喊他二信。很多年后"二"字被赋予了另一种更深层次的含义,二信无缘无故被扣上了一顶跟自己高冷气息不怎么搭的帽子,为此他忧郁了很长一段时间。当然,这都是后话了。

二信小我五岁,因为妈妈怀他时贫血,他自小便瘦成一道闪电,但是五官清秀、性格孤僻,意外地在女生中很有人缘,五岁上幼儿园就有女生强抱他,他冷着脸推开人家小女生,说:"你胖你走开。"那个女生跑到栏杆边哭得肝肠寸断。之后二信回家一脸严肃地跟我诉说了这件事,我只是默默向他伸出了大拇指。

我并不是在鼓励二信要这么残忍,我只是被他的酷劲儿征服了。

当然二信的非凡魅力并不仅仅体现在冷酷这点上。

初二那年我陷入了"早恋"的苦恼中,班上有个男生坐在教室最后一排，头发是当年很流行的发廊风，他站在栏杆边学着大人的模样吞云吐雾，嘴角边始终僵持着一抹故作邪气的微笑。我想他一定觉得自己格外帅。

这位帅哥定时在栏杆边拦我已经成了每日必修课，只是我觉得他故作成熟的姿态除了"蠢"再找不出第二字来形容，我跳着脚要将这朵烂桃花从我青春的花园里连根拔除，却一直无法如愿。

我跟二信吞吞吐吐地说出这段"孽缘"时，他的脸上凝结着一种超出年龄的忧郁，颇有种"同是天涯沦落人"的惆怅感，这让我格外好奇。不多时日之后，我软硬兼施终于从二信嘴里知道了事情的真相。

一枝独秀的学霸二信那段时间很不愉快，因为班上有三个小女生每天轮流给他情书电话轰炸，在得不到二信的回应之后便妄加揣测，逼问二信是不是喜欢其他人，于是在某一天被逼急了的二信忍无可忍，冷冷甩下一句"我喜欢我姐姐那样的女生"。

听到这里我忍不住咳嗽了一声，心怀得意的同时有点儿担忧，我说二信你这样别人会误以为你是个长不大依恋着姐姐的小孩儿的。

二信翻着白眼看了我一眼，就是这一眼，让我觉得画风有变，果然他异常平静地说："你较真什么，我只是随便撒了个谎骗她们的，谁会喜欢你这样的胖子。"

我撸起袖子就冲了上去。

不过我想二信小学就这么受欢迎了，那等他长大了不知要祸害多少无辜少女。

我开始为他的前途感到深深的担忧。

你说他们配不上我

二信上了初中之后便像是过分吸取了阳光的麦子，我几乎每天都能听到他"哔哔剥剥"的拔节声，在他初二那年，成功地高了我一个头。

如我所料，二信的五官越长越精致，加上他天生一副死鱼眼和孤傲的性格，在一群男生中总有那么点儿鹤立鸡群的味道，大受女生欢迎。正当我担心他会不会因为异性缘太好性格又孤僻被人群殴时，二信却带头操着凳子带领全班男生跟隔壁班干了一架。

听到这个消息的我悲喜交加。

我瞒过远在市区工作的爸爸妈妈，一个人默默地在办公室里领回了二信。他慈眉善目的班主任看见竟然是一个还在上高中的丫头来找二信时，眼中的惊讶溢于言表，不过看高我一头的二信在我面前低眉顺眼，还是默许地点了点头，大手一挥赦免了他。

我想应该是二信平日里积攒的好声誉此时发挥了关键作用，不然哪能这么轻易放过他。

回家后我二话不说撩起二信的衣服就给他上药，二信在我的蹂躏下龇牙咧嘴，但是硬是半声没吭，随后他终于忍不住抬起头看着我。

"你不说点儿什么吗？"

我放下他的衣服有些奇怪："说什么？"

二信一副看傻瓜的表情看着我，随后叹了口气。

我有些发笑，伸手揉了揉他的头发，我的语气很轻松，"人不热血枉少年，我相信你不是蛮不讲理的人，一定是有忍无可忍的理由才会动手的。"

二信闻言不吭声，半晌之后，他的眸子闪闪烁烁，"姐，你从小就这么奇怪。"我愣了一下，正疑惑这句话是夸我还是损我时，却看见二信微微勾起嘴角，"不过挺好的。"

微小的声音掠过心尖，我突然很想抱抱我亲爱的二信。

二信打架事件慢慢淡去之后，我重新将目光放回了自己的生活，在那段时间里，我迷恋上了理科班的一个男生。

男生长了一张小言男主的脸，干净斯文，衣服除了白色几乎只剩黑色，每天安静地经过文科班的窗前时，俊美的侧脸不知道迷倒多少女生，我也没能幸免。

百转千回使尽手段之后，我知道了男生叫窦唯，单身帅哥一枚，喜欢打剑三。

　　从小不擅长玩游戏的我摩拳擦掌，准备在游戏里成功虏获他的芳心与他共结良缘，只是没想到这种网络游戏比超级玛丽复杂太多，经验不足、智商不够的我果断拉来二信做辅助，二信对游戏有着神一般的天赋，上手之后基本没我啥事了，我待在旁边让二信用我的号拜窦唯为师，成功之后有事没事就去找他聊聊天传传功，然后找了一个合适的时机挑明了身份，制造了一场"偶遇"，成功让窦唯知道了我这么个校友的存在。

　　我在窦唯面前连刷了三个星期的存在感之后，窦唯也对我有些上心了，最明显的表现是他在校园里碰见我时会勾起一抹暧昧的笑，我激动得心肝乱颤。这一切二信功不可没，可是正当我准备好好感谢二信时，他却一脸便秘的表情跑到我面前说："姐，你的事可能黄了。"

　　我的嘴巴张成了O形。

　　事情是这样的，二信打游戏上心了之后便不太关注我与窦唯的发展，那天窦唯发来消息窗暧昧地问我喜欢什么样的男生时，二信一时没注意以为是哪个无聊的人，就果断地回了一句"out！"然后，就没有然后了。

　　我终于找到了窦唯最近几天不睬我的原因。

　　周末晚上我将二信拖到了楼下的小饭馆，准备以吃死来祭奠我死在襁褓中的爱情。深夜时候，我摸着肚子扶着二信，蹲在马路边"哗啦啦"吐了一地。

　　二信在一旁默默地给我拍着背，动了动嘴角想说点儿什么，可是最终认命地将我拉上了背。我一脸四十五度的忧伤，趴在二信的背上默默数着路边闪闪烁烁的霓虹灯，眼泪哗啦啦流了一地。

　　那段时间郭敬明的小说特别火，我当时想起了一句话，叫"悲伤逆流成河"。真的太应景了。

　　"二信你知道吗？原来窦唯有女朋友。"

　　二信不吭声，只是背着我的脚步走得越发坚定。

　　"你说我怎么总碰到一些烂桃花？以后我嫁不出去就赖在家里，

你不能赶我走。"

我趴在二信的背上闷闷出声,脸颊贴着他消瘦的脊背,眼角又开始泛红,一路沉默的二信突然开了口,他的声音透过胸腔传到我的耳边,带着安定人心的温暖。

"你想待多久就待多久。"

沉默了一会儿,他的声音再次低低传来。

"姐,他们配不上你。"

我将脸埋在二信不算宽阔的后背上,在他白色的衬衫上慢慢晕开一朵水色的花,因为二信一句真切动人的话,我再次泪崩了。

这个名为"弟弟"的少年,说那些男生配不上我,我第一次觉得他异常有眼光。

如果离开会不会流泪

古语说,"塞翁失马,焉知非福"。

窦唯事件很好地体现了这句话的精髓。

我沉浸在失恋痛苦的一个星期中,将自己乱七八糟的情绪拼拼凑凑写成了一篇小说投给了杂志社,没想到几天后竟然通知我过了初审,围姐跟我说:"我觉得你是走这条路的料。"

因为她这句话,我当即摩拳擦掌,满血复活,准备转战文坛,只是这条路没有想象中那么好走。

写作是件痛并快乐的事情,当然多数情况下还是痛更多一些,没有灵感时,卡文时我便像是被踩了尾巴的猫一个人上蹿下跳疯狂地扯着头发,当然我不能一个人疯。

二信这种时候就也跟着遭殃,我不记得多少次在凌晨时候将睡得迷迷糊糊的二信从被窝里拖了出来,然后站在他面前理直气壮地翘起兰花指说:"我饿了,去给我煮宵夜。"

二信脾气其实不是很好,但是从小到大意外地在我面前很乖。所以这种时候他默不吭声地穿上拖鞋,挽起袖子走进厨房,不多时候,就会端出一碗香喷喷的面条或者蛋炒饭。

那一年二信的厨艺进步神速堪比经过新东方培训，而我却着实胖了十斤，成了老师口中"高三压力大同学们体重都会下降"的一个活生生的反例。这一切二信功不可没。

按照这种有些神经质的状态，我高考意料之中地进了一所三流大学，虽然离家只有三个小时的火车，但是爸爸妈妈依旧很舍不得，送别的时候万般嘱咐，只有二信站在一旁低着头不吭声。在火车快要到来的时候，二信才走到我面前闷闷的欲言又止，我伸手揉了揉他的短发，说："我不在家你要好好听爷爷奶奶的话，别让爸爸妈妈担心。"

二信不出声，然后他抬起头看着我，"你别吃宵夜了，再胖就不好看了。"

岁月开出花

大学的时光过得慵懒散漫，我一个星期打一次电话，偶尔回一次家，我听见二信的声音愈发成熟低沉，也看见他的轮廓越发分明。

大三的时候有一次回家，二信正光着脚坐在地板上翻着参考书，手里拿着笔，脸上架着眼镜，为高考做准备。

他真的开始长大。

他抬起眼，看见我的目光时，淡淡一笑。就是这个微小的弧度，我看见过去与他相处将近二十年的时光，又开始鲜活起来。只是曾经拼命在乎的，现在不过是可有可无。

或许这就是成长。

我们没有那些抵死纠缠、深夜徘徊的残酷青春，也没有作茧自缚反抗世界的极端心境。

我们在小心翼翼的成长过程中，发现了彼此血肉交集的羁绊，磕磕绊绊互相取暖，成为更加温暖的人。而空气中飘散的那些残缺的青春碎片，如愿开出了温柔的花。

我的朋友陌浅狸

惟 念

1

几分钟前,我在微信上问阿狸,如果只能对我说一句话,想说什么呢。她同我插科打诨一段后,认真回复道:"比起那些事业功成名就的期待,我还是期盼你每天生活得开心,逛街有可爱的小孩儿对你笑,下班赶上最后一班公交。想吃的饭菜家人刚好端上桌,再幸运一些,喜欢的人刚好也喜欢着自己,这样就太幸福了。"

窗外暮色氤氲,我坐在柔软的地毯上,看着屏幕傻傻地笑了有一分钟。这个双子座的女孩儿,总能在随意与真切间来回转变,在我们相识的过往岁月里,给了我诸多安慰。

2

忘记是看到哪位铂金转发的日志,我随手点开后,看见游完大半个西北的阿狸给爸爸写了一封信,末尾的一句话打动了我——有人宜室宜家,有人适合浪迹天涯。

彼时不安分的我,立即发送了添加好友的请求,隐隐地觉得萍水相逢的她，会是志趣相投的人。果不其然，她很快同意好友申请后，竟答应了给我寄明信片的要求。

那一年我在义乌工作，她在无锡念大学，我们中间隔着不长不短的一段距离。

起初只是正经地聊着稿子，尔后慢慢熟悉起来，话题也跟着多了起来，有关其他写手的八卦，抑或是彼此感情里的起伏，以及对模糊未来的期许，都一股脑儿地倾倒给对方。

第一次见面在冬天，我在昆山的高铁站等她，来往行客匆匆，我心里满溢着期待。穿着驼色大衣的阿狸出现时，我自然地跑过去挽起她的手臂，两人之间毫无生分。

她比我小四岁，但照顾起人来，丝毫没有这个年纪附带的青涩，超市里她一直在问："惟念你要吃什么，我给你买。"

那晚在酒店里，我们聊到深夜，因了相似的暗恋经历，也因了相隔数百公里，与彼此分享过的那么多琐碎。

翌日清晨，我们都要搭乘早班高铁回到各自的城市，天色亮起来，我们站在路边迟迟等不到出租车，索性拦了一辆三轮车，两个人的头发都被大风吹起，笑声欢快像一串铜铃。

我们反复说起的那些遗憾啊，随着这笑声，被风一同吹散了。

3

冬天过完后，我辗转去了上海工作，面临着更深的孤独。这个五光十色的城市，吸引了数以万计的人远道而来，他们中的大多数是为了梦想，而我，只是为了逃避来自家庭的不快乐。

承受了从前不曾体验的压力，也有别样的收获，四处碰壁也有人认可。但遗憾的是，我的不快乐在这里并没有得到化解，反而激起更多的自我否定。

春末夏初，我躺在阳台的沙发上，一边看着窗外流转的灯光，一边和阿狸打电话。她说:"既然觉得压抑,那就出门看看世界吧,或者来看看我。"

我挂上电话,买了最近的一趟动车,在夏日傍晚站在无锡新区站的出站口,等着她和朋友舟舟来接我。

三个女生共享了一份热气腾腾的火锅后,买了新鲜的瓜果和酸奶,在夜色中叽叽喳喳地说个不停。彼时,阿狸有一个远方的恋人,而我连可以思念的人都没有,在为她未卜的感情出谋划策时,她也把关系要好的学长介绍给我认识。

从网络上互相鼓励打气的写手战友,到成为现实里有了共同回忆的朋友,我们花了很短的时间,但过程却异常铭心刻骨。

我和那位学长有过一段短暂的暧昧期后,被单方面告知无法继续走下去,不死心的我跑去南京,想做最后的挽留,阿狸也从无锡赶来,在大雨中与我会合。

三个人的晚餐吃得尴尬缓慢,话题换了又换,始终没有提到我们要不要重新开始。没想到的是,几分钟后,无意间点开学长微信的阿狸和我,发现了他的另一个暧昧对象,我们面面相觑后,不欢而散。

那个夜晚,我想此生都不会忘记,第一次强烈感受到,大部分的事情努力后就有成效,但感情呀,一定是排除在外的。

满怀歉意的阿狸和我说了很多声对不起,我故作轻松地想安慰她几句,一张口便想泪流,于是保持了沉默。

其实我没有生气,只觉得遗憾,事情明明可以做得不那么难看,不值得毁掉了一段原本毫无罅隙的友谊。

4

为生活冲锋陷阵的我们,期盼着重逢,几乎每隔两天就会发微信给对方。2016年的春天比我们想象中美丽许多,因为我和阿狸都有了相互喜欢的人,也确定了考研院校,没有放弃任何一个变得更好的机会。

有被琐事和压力磨得喘不过气的时刻，也有悲观绝望到只能苦苦挨到天明的黑夜，快乐和痛苦没有哪一样更多，我们投身于热烈真实的生活中，也手捧了或好或差的际遇。

但我们俩最大的进步，是终于意识到很多事是身外之物，我们应该把更多的时间、心力付诸梦想。

不容易把某个人纳为好友知己的我，偶尔也会觉得不可思议，明明和阿狸相差四岁，却觉得她能体谅我所有的雨天。

情绪低落的时候，无声陪伴；有了收获进步的时候，一同欢呼；迷茫犹豫的时候，设身处地为对方分析现状。

生活中的诸多美好值得感恩，包括温润如水的友谊，不动声色地温暖了我们无数日夜。

春水初生，春林初盛，春风十里。我和阿狸约好了，等我酿的杜果酒发酵好了，就装满一壶，去找她谈天说地。

曾在书中看到萨冈说，人生匆匆，你在这里，我在这里，我们共舞。这句话送给阿狸，也送给如沐春风的自己，青春路上，祝我们友谊地久天长。

你曾经来过，你悄悄走远

　　我给你写过很多东西，是上课时互相从教室这头传到那头的纸条，是第一次为你准备生日礼物时小心翼翼写下的贺卡，是当初分别后耐不住寂寞写的第一封长信，是许久以后想要拼命挽回的明信片，以及这个冬天终于坦然面对的权当和解的新年祝福。我不知道最后它们的结局都是怎样，我只知道写的时候脸上一直漾着笑意，交给你的时候并不敢多言，只好匆匆走掉。

你曾经来过，你悄悄走远

理 槯

最沉默的一瞬，是提笔之后，落笔之前

我曾经无数次想写下有关我们的故事，却一次又一次开了头就没了下文，拿起笔想要恭恭敬敬写下一些句子来纪念，却发现思绪万千根本无法理顺。

我给你写过很多东西，是上课时互相从教室这头传到那头的纸条，是第一次为你准备生日礼物时小心翼翼写下的贺卡，是当初分别后耐不住寂寞写的第一封长信，是许久以后想要拼命挽回的明信片，以及这个冬天终于坦然面对的权当和解的新年祝福。我不知道最后它们的结局都是怎样，我只知道写的时候脸上一直漾着笑意，交给你的时候并不敢多言，只好匆匆走掉。

而此刻我拿着你的信，翻看了一遍又一遍，终于不得不承认一个现实：我们已经逐渐从彼此的世界淡出，留下的只是嘴角的一丝苦笑。

是什么时候开始的呢？是什么时候开始我们不再坦然面对彼此，见面打招呼都有些尴尬，面对面说不上几句话便冷场只好告别；我们在纸上、在短信里、在QQ上"谈笑风生"，却不能真正理解彼此。陪伴十二年之后终于只能说一句"你的余生，恕我不能如之前那般参与"。

很幸运同你走了一段路

其实初次见面是什么样子我早就忘了。只记得曾相约一个周末把无关紧要的作业写到前面去，认认真真描完字帖偷偷往前再写几页，周一相见时却发现你竟也写到了那一页；只记得做同桌时上课偷看课外书被老师叫起来，一唱一和让老师无话可说；只记得某天下午因感冒请假输完液回来你在教室门口欣喜地迎接我，却被我恶作剧似的推在讲台上。那时候你是班长，老师不在时你坐在讲桌前维持纪律，却总是被我气得说不出话。和你一起争抢考试第一名，为了一道题争得面红耳赤，热衷于嘲笑你的小眼睛、小个子，大家都说我们是欢喜冤家。

但心里一直很钦佩你，觉得这个小孩儿知道得真多。在口算还是王道的时候你已经开始用竖式计算，速度快到让老师瞠目结舌；小学三年级的小朋友就已经知道人有多少块骨头，分别叫什么；你给我讲"相对论"讲得忘我，完全无视旁边一头黑线的我；六一儿童节跳舞的时候不得不跟你手拉手转圈，还记得那时你的手有些软，一直汗津津的。

想想也是七八年前的事情了，也许这就是所谓的"两小无猜"。

一起看过一些风景，一起见过一些人

生活从来都比小说精彩，只是主角不知道而已。

从很久以前开始就有人开我们的玩笑，从来都是恼怒地回应，从来没有看过你的表情；从来以为我们的心意相通，但最悲伤的莫过于"我以为"。

初二你转学到我们初中，却到了众人口中的另一个"尖子班"。其实很早就听说了你喜欢我的传闻，但一直不以为意，觉得是流言蜚语。你来给我送奶茶、送果冻、送饮料，却被我用各种借口拒绝，但我一直渴望的其实是像很久以前一样轻松地聊天。你却一直在见到我时打个招呼就飞快地走开了。

也许嫌隙就是从那时开始了吧，只是我没发觉，也无暇发觉，那时我心里心心念念的，是另一个少年。

初三寒假，元宵节和情人节撞到了一起，兴冲冲地跑去灯会猜灯谜，却在人群里看见了你。站在那里等待兑奖时你就在我旁边，没怎么说话，你用手挽住我胳膊时我假装不知道。那个晚上一起走了很远的路，冬夜的风刮在脸上生疼，拿着糖葫芦一路说些有的没的。绕了一圈以后看见卖烟花爆竹的，你去买了几根"仙女棒"，一起在"禁止在公共场所燃放烟花爆竹"的标语下点着，绕着笑着，就像电影里一样。

一直不愿承认你喜欢我这个现实，固执地以为只要我不说破你就还像从前一样是我所谓"蓝颜知己"。毕业留言册上你写"我会陪你，forever"，内心欣喜激动。可是怎么能像从前一样呢？

然后一同异乡求学。没有被分到同一个班，军训时阴差阳错你住在我楼上，半夜男生女生瞎扯却从没听到你的声音，最后一天才发现你的存在，想来你该早就听出我的声音，只是不愿意说罢了。当然这不怪你，我们更自然的交流，是要隔着屏幕的。

把每一份心思拉扯出来放大，敲在对话框里告诉你，字斟句酌。你不厌其烦地陪我聊天，一条一条短信也从来不计较话费。但一直是我在说你在听，我对你的生活、你的灵魂一无所知。直到某天不知道说起来什么，你突然发过来"早知道这样我初三就跟你表白了"，玩笑地回复你"没准那会儿我就答应了呢"，不动声色地拒绝，我知道你看得懂，却不知道屏幕那头你的表情与想法。其实你也不知道我的灵魂，那些字句里透出的只是我想让你知道的。

继续拿你当蓝颜男闺密。一条短信发过去说我肚子疼，不一会儿你就拿着红糖水驾临；分科时纠结得要死，你发长长的短信过来帮我分析，交完分科表之后才知道你填了你不喜欢的理科；口腔溃疡发的时候找你，你拿来药片督促我喝下，但其实那时候你已经有了女朋友，只是一直没有告诉我，仍一直对我这么好。

现在想想我真是过分，无条件地索取你的好却不知回报。

可我怎么回报？喜欢就是喜欢，不喜欢就是不喜欢，我也无能为力。

每个人的使命都不一样

很久没有发短信，很久没有长谈，很久没有探讨人生问题。第十二年的新年，我给你写了明信片："当初有很多话要跟你说，现在只剩下一句'祝你快乐'。"

生日时你给我送来礼物，里边夹着长信。有多久没有看到你写的东西了，我不知道。

"还记得那时给你写留言会一直陪着你，太美的承诺因为太年轻。……

"每个出现在我们生活轨迹里的人，都有自己的使命，有人教会你别把过去搂得太紧，有人告诉你无论你做了怎样的决定他都懂，而我之于你的使命，或许就是陪你走完你的青春，自此各安天命。……

"我们都在变，就连你希望一直不变的，也都随着时间淡化了。"

但其实你之于我的使命，在于教会我怎么去对一个人好。

万千言语，只剩感激，谢谢你来过。

遗失的美好

趁 早

与朋友聊天，朋友说想听听我的中学生时代，我愣了一下，随后乐此不疲地讲起来，可是讲完后我哭了，不是因为故事太过感人，而是突然之间觉得那些别人羡慕的美好都被我错过了，换一种说法就是我没有好好珍惜。现在想想，除了陪伴了十年的几个闺密，就再也没有别人进入过我的生活，就连中学时代那几个"友情以上，恋人未满"状态的异性朋友，都没有陪伴我走到现在。你看人生多可笑，明明曾经允诺过相伴相守，可现在一个都没有兑现。所谓的承诺啊，似乎只是个泡影，但是我还是想抓住那份美好。

1

初中时迷上了韩国偶像天团EXO，直到现在都喜欢。那时我经常在课本上写EXO吴世勋的名字，而且饭卡卡贴也是他，就连包桌子的纸上的图案都是他的LOGO。我每次和男神聊天聊到吴世勋都会特别兴奋，然后拿出自己的饭卡指着上面的人说：看，多帅。男神当时什么也没说，双休日回家时上QQ发现男神的头像换成了吴世勋的一张照片。

现在想想还有点儿小激动呢。

2

男神学习不是特别好,中午会让学霸给他讲数学题,和他同桌后讲数学题的光荣使命交到了我身上,苦兮兮的我中午就不能午休了。有一天讲完后我实在很困,就和男神抱怨说我快困死了,男神二话不说到洗手间洗了洗手,回来时把手上的水全都甩在我脸上,美其名曰这样能让我清醒点儿。我想起那时网上很火的一句话——

洗完手后会把水珠甩在你脸上的人好好珍惜吧。

3

一次星期天晚上在家看电视,当时电影频道上面演《被偷走的那五年》,快到结局时,我爸换成了《飞哥大英雄》,导致我没看到结局就去睡觉了。

第二天去学校,我男神问我看没看过《被偷走的那五年》,我说我昨天晚上在电视上看了,他说好巧我也是,然后他问我结局是什么,我说没看到,我爸在结局时换成了《飞哥大英雄》。他顿了下说:我爸也在关键时刻换成了《飞哥大英雄》。

4

和男神同桌后,就经常把烦恼说给他听,因为他长得不高,就经常和男神说:身高是硬伤。他每次都笑笑说:"其实你是属于身子短腿长的那种,你腿挺长的。"我撇了撇嘴说:"你用这句话骗了多少妹子?"他挑了挑眉说:"真的,你以后穿高跟鞋一定很好看。"

这时我前桌回过头来说了一句:长得好看的没有你腿长,腿长的没你长得好看。

顿时我的心啊，那叫一个春暖花开呀！

5

快中考那几天，特别难过，晚自习从来没有认真上过。男神问我为什么心不在焉，我叹息道："以后说不定就见不到你了。"男神听后说："那我们先留个纪念。"于是用黑笔在墙上写上了我们两个人的名字。

我看了之后说："幸亏你没用红颜色的笔，要不然就让别人误会了。"他勾了勾嘴角，接着用红色的笔描了一遍，我瞪着眼说："别把我们的名字圈到一起。"他又笑着把我们的名字圈在了一起，说道："其实我不介意再画个心。"然后我们的前桌双双回过头来看着我和男神。我尴尬地说："我们只是比较要好。"男神在旁边悠悠地笑岔了气。

6

中考要考物理、生物、化学实验，所以我们实验考试前都要练上几天实验。那天去做化学实验，和男神一组，男神学渣一枚，恳请我教他，并且不让我碰实验仪器只能用嘴说，好吧，恭敬不如从命了。于是呢，整节实验课我连桌子都没碰一下一直指着仪器指导他，一番战争之后，他把一个液体的实验做成了，好家伙，给他兴奋的啊，手舞足蹈。

然后呢，一不小心就把试管里的液体全部洒在了我脸上。当我反应过来立刻鬼哭狼嚎起来，我说我一节课连桌子都没碰一下也太悲哀了吧，要是毁容了怎么办。男神在旁边一边笑着一边帮我擦脸，然后摸了摸我的头说：没人要你我养你。

7

中考后我和男神两年间从来没联系过，我有胃病，男神有治疗胃病的特别有效的药，每次我胃病疼，男神都会逼我吃药，因为我一直秉承着顺应自然的原则，从来都不吃药，所以男神只能逼我吃药。这两年间，每次胃疼都会想起男神，可我从来都没主动找过他。前几天我胃疼受不了就请假回家，躺在床上看QQ，然后就看到男神在我空间留言了。两年间第一次觉得和他关系没有断，然后回复了谢谢，三分钟后聊天框弹开，他说：胃病还有吗？

我很感谢上帝让我曾经拥有他，我的男神，我初中时代的信仰。

8

八年级我和同桌的座位在暖气边，冬天的时候特别暖和，但是暖气片总是滴水。于是吧，我同桌就从家里带来了一个好丑的碗放在暖气片下面接水。Y和我们相处得很好，每次下课都会来我们座位这儿聊天。所以呢他就看到了那个碗，然后他拿起那个碗对我说："快到碗里来。"我白了他一眼说："你才到碗里去。"他挑着眉头看着我，似乎在等待着下一句，然后我很给面子地说了句，"就不能找个好看点儿的碗吗？"

9

Z很大方，买了零食都会分给我们，但是每次他都会留下一些。那天上晚自习他把他的眼镜盒给了我之后就跑走了，我以为他要让我帮他拿一下就放在面前盯着，越看越发现这眼镜盒真心好看，刚要和同桌说，Z就回来了，他看我把眼镜盒当神供着，无奈地来了一句"里面有东西"然后就回座位上去了。我愣愣地打开眼镜盒，发现里面有糖，当然不能拿，无功不受禄嘛。然后就淡定地在盒子里面留了个小纸条上面写着：我不喜欢吃这种糖。

结果第二天他递给我一盒炫迈。

这些都是我的异性朋友，我很庆幸年少时可以每天没心没肺地和他们疯，和他们闹。只是现在我和他们似乎都没有了联系，只能在冰冷的玻璃屏幕两端默默地看着对方的动态，即使彼此都心照不宣地想念对方，也从来没有主动迈出过一步。

我只想说，你身边的人，每一分每一秒都有可能离去，不要等到别人离开后才懂得珍惜。还有，你不主动我们就没有故事。

是不是有这么一件校服

高小方

白小黄是唯一一个陪我走过了整个高中的朋友。

毕业那一天,昔日热热闹闹的校园忽然空旷,我忽然发现,我能带走的,仅仅是一件黄白黑相间的,我的校服。

没错,白小黄是由黄、白、黑色构成的。

众所周知,中国式校服没有最丑只有更丑,难为设计师不仅费尽心思把颜色设计得如此耳目一新,而且将肥的程度设计得催人泪下。

于是,白小黄和它的同类们在三秒钟内,遭到了全体学生的唾弃。

但是那个时候,我看着刚刚发下的白小黄,一股新衣服的味道扑面而来。一瞬间,它承载了我关于高中的憧憬和希望。

现在想来,白小黄崭新的袖子摩擦的沙沙声,那应该就是它和我打的第一声招呼。

从此,它便融入了我三点一线的生活中。我在每天清晨仔细地穿上它,把衣领挽成整齐的样式;又在每天晚上胡乱一抓,把它甩在上铺发出"砰"一声的惨叫。

夏天,男生乱七八糟堆在篮球架下的衣服很容易抓错,但是,我一定不会,因为我的白小黄是班级里唯一一件165码的校服。每当我看着其他男生修长的身影，一抹落寞掠过，总会摩挲着它短短的袖子，无声地惺惺相惜。

我和同桌最无聊的游戏，是捂上眼睛，凭借气味认出自己的校服。而如此变态的游戏，我却总是屡战屡胜。

因为白小黄的身上，有我画上的笔油的味道，有我摔在操场上时沾染的青草味，而更多的，是我和白小黄每天互相依赖而产生的熟悉气味。

无数个中午，我将它叠成一块小小的枕头，闻着熟悉、安心的味道，很快便沉沉入睡，这样我才能在昏昏欲睡的下午，和无数条辅助线扭打在一起。

有一段时间，白小黄遭到了我的冷落。因为青春期的我有某种心思开始萌芽，于是校服能免则免。每当我装作和那个女生偶遇的时候，白小黄却躺在走廊的柜子里，静静地，蜷成一团。

分科之后，大家都开始改校服，而白小黄的裤子也被我改成了细细的直筒裤。裁缝阿姨大刀阔斧地剪开它的身体时，那呻吟似的撕裂声，必然是它委屈的抗议。

尽管如此，在无数个风雨交加的日子里，它还是一声不吭地，用它残缺的身体，为我带来贴身的温度。

后来，我和女生成了恋人，白小黄的使命便增多了。每天放学时，它都会被我轻轻披在恋人的身上，替我为她遮风挡雨。

写到这里，我忽然又想起，高一时受了委屈，我总是蹲在墙角，故作姿态地哭出来，总希冀着被人发现。

而当我的希冀被落日涂抹上失望，白小黄总会用它粗糙，但是气味熟悉的袖子，摩挲着我的眼泪，将我推回班级。

是它告诉我，没什么大不了，矫情一阵子就好。最重要的是，伤春悲秋之后，记得及时走进教室。

而教室的门开了又合，不知不觉已经三年。三年间，我曾经把白小黄改成铅笔裤，最后又用蛮力把它扯成阔腿裤；曾经在瓢泼大雨中飞奔，将它在头顶撑起来，便筑成了一个小小的世界；曾经穿着它轰轰烈烈地逃课，跳墙时却把白小黄挂在了墙头的铁丝网上……

它单薄的身躯上写着满当当、沉甸甸的青春，而我却仍旧穿着它疯跑，穿着它跑过操场，跑过教学楼，跑过一排排梧桐树，终于跑进了，成人的行列。

我知道，无论我跑得多远，只要我一回头，它总在随时等着，轻轻地，一言不发，跳上我的肩头。

白小黄是唯一一个陪我走过了整个高中的朋友。

它最擅长的事情是沉默，于是它就这么沉默着，活在了我的，还有许多人的，那片记忆里。

桂花巷里的旧时光

郭海怡

小城深处有条老巷。

"八月桂花遍地开"。每到这时，巷里就开满桂花，树根交织盘旋着，似凝望着这古朴的城市。外婆在树下久久伫立，等着从巷口走来的我们。我一路蹦跳着到外婆身旁，扑进她的怀抱，闭上眼，贪婪地吮吸着她身上浓浓的桂花香。

这些都是儿时的记忆。

记得儿时总有卖豆面饼的人走过来叫卖。车轮压过大门前的青石板时辘辘的声音，伴着当当唧唧的敲打声，我的一天就从这声音中开始。我总会缠着外婆买着吃，不是馋那豆面饼，而是馋那悦耳的吆喝声。

常来门口叫卖的老爷爷，据说从他祖上起就是卖豆面饼的。到底是不是，无从考证，但那一口地道的吆喝声令我深信不疑。一来二去我便认识他了，从此只要我一见到那爷爷，便会跟在他身后扯着嗓子一起叫卖。我耳朵听着，心里暗自拿捏着这语调变化，高扬低抑。

"桂子月中落，天香云外飘"，仿佛一夜之间，桂花的香甜便溢满整个小城。到处都是桂花清清凉凉的香味，不管是外婆、豆面饼，还是隔壁小花家的二狗，都是这样的。这迷人的香气啊，从东吹到西，从北吹到南，吹进了老巷的每一个角落。

更多时日我只偎在外婆身旁，偶有一阵风路过，外婆便带我去赏"桂花雨"。她使劲挺直了身子，倾尽全力摇起一个枝杈。桂花飘飘扬扬，落在地上，落在身上，也落进我的回忆里。她与我去捡拾掉落的花瓣。外婆每年都为我缝制一个小香袋，里头填上桂花，挂在床头，入梦都伴着馨香。如今我总是想，这小香袋里何止是桂花呀，更是一段浓香的岁月。

我对桂花更多的好感，来自它衍生出的各种吃食。桂花糕、桂花汤圆、桂花酒……这时灶上总是氤氲着，炉火旺盛，白气蒸腾。桂花汤圆盛在那精致的白色瓷碗里，小小的汤圆泡在清汤中，散发着白亮的光泽。

外婆爱制桂花酒。待封存的时日足了，我就拿着筷子轻点一下，放在嘴里细细品尝。小小的人儿总是觉着醉了，将午后的困意全怪在这酒上，就又赖在床上一小天。我说不清是桂花醉人还是酒醉人，只记得那样的午后，睡得格外香甜。

从外婆家回来后，这香气在我脑海中久久不能散去，只要到了桂花开放的季节，我一定要去住上几日，去和豆面饼、外婆、桂花树诉说别后的思念。

再之后的几年，我的双眼忙于为习题"打工"，虽渐渐淡忘了那段沉香的往事，但每每闻见桂花的香气，总能让我回忆一二。旖旎着清浅的时光，自在安暖，花香也依然萦绕心头。

当我沉浸在香甜的回忆里，我仿佛又听到了那熟悉的吆喝声。声音悠悠扬扬飘进心间，我的心儿如喝多了桂花酒似的渐渐醉了。回忆如一缕年代久远的梦——豆面饼、外婆、桂花香、贪吃的小孩儿……都是难以忘怀的孩童时代的自在与纯真。

桂花飘香的季节，我触碰到了时光的掌纹，一年，连着一年。

我是一个普通的小孩儿

卢菇菇

我也许是个普通的小孩儿。

我出生在一个很普通的家庭,爸爸妈妈、爷爷奶奶、外公外婆都很爱我,如果有正式一点儿的介绍,那么我会很不要脸地说我出生在一个"书香世家"。我曾爷爷是抗战时期的一位小学校长,我外公是高中英语老师,我爸爸是高中数学老师,我妈妈是小学语文老师。

我生下来五斤多,长得没有缺鼻子少眼,五官都在应该在的位置。

我也许是个特别的小孩儿。

我妈说,刚开始怀我的时候,她因为身体不好,吃了很多药输了很多液,怀孕期间担负着两个班的教学和一个班的班主任工作。每天早上任性地只吃一个鸡蛋喝一瓶豆浆,经常以没胃口为由让肚子里的我饿肚子,还差一点儿就要失去我了,外婆以几餐虫草炖鸡肉把我换了回来。

我妈基本没有去过医院检查,直到预产期快到了才去医院照了个B超。

我妈说,是上天让我出生的。我笑了笑,那我是太阳的孩子吗?

也许幼儿园的时候,我觉得我挺特别。

我是一个插班生。

我第一次听到"插班生"这个词,其他小朋友也是第一次听到插班生这个词,他们一定觉得很厉害。

我从一个村里民办的简陋幼儿园，转学到一个镇里特别漂亮的幼儿园。说实话，我真的从心里觉得我的幼儿园特别漂亮。那里有城堡一样的滑滑梯，可以过铁圈，爬绳网，爬到最高一层的滑梯旋转下滑；那里有一个用于攀岩的彩色小山，踩着一阶一阶相互错开的小台阶一点儿一点儿往上爬；那里有一个游泳池，它不经常注水进去，只有在夏天蝉鸣得厉害的某几天里，老师才会提醒小朋友们明天带好泳衣，一个个彩色的小团子就在爸爸妈妈的注视下下了水；那里还有需要家长们人力转动的飞机，每个下午都会有好几个家长一起用力推动飞机座驾，小朋友们便可愉快地转圈飞翔。

我最喜欢的，是二楼的玩具间。在那里，可以成为摄影师、医生、建筑家，还可以当小宝宝的妈妈。我乐此不疲。

那个时候我不自信，说话小小声，吃饭慢吞吞，老师让我上前面唱歌我都要犹豫很久，小朋友邀请我玩游戏我总会害羞地拒绝而选择当一个旁观者。我躲在老师的钢琴下，等我的几个好朋友来找我，如果不来找我，我就在钢琴下观察其他小朋友，一直蹲到上课；如果她们找到了我，我就会扑到她们身上。

我在寻找和我一起寂静的共犯。

我也奔跑，欢笑，为自己的画被贴到班级门口自豪。

那个年纪还不能很好定义"喜欢"这个词。如果我把草莓味儿的牛奶让给你，挪出空位给你坐下来围观飞行棋大战；在生活老师眼皮底下掩护你把饭偷偷倒掉……这些很平常又可爱的小事都可以被认为是"喜欢"。小朋友耿直的思维和语言系统，通常都会发出"我喜欢你，快来和我一起玩"此类一点儿也不用迟疑和害羞的告白。

而我决不示弱。为了不落后于人，我也成功完成了人生第一次的无声告白。

有一次老师带我们班去游戏室玩，轮到我玩海洋球。它的名字叫海洋球，不过形式大于内容罢了，那些小球硬硬的，磕得我的骨头生疼，所以我没有像其他小男生一样一个劲儿地往球上扑。我慢慢地蹲着行走，用手拨开小球开路，蹲久了累了就把池底的小球一个个拿开，跪在池子的地板上慢慢挪动。我像个乌龟，漫无目的地爬行了很久，忘记我是来玩海洋球的。突然，我的膝盖碰到了一个小小的、硬硬的东西，我抓起来一看，是一条挂饰，上面挂着亮晶晶的小熊。

　　我很激动，连犹豫都没有犹豫就决定送给我们班最好看的一个女孩子，大家都叫她"杨莹妹"。那个时候小孩子对美的认识是很直观的：花儿是红的，青草是绿的，馒头是白的。那个小女孩儿，长得白白净净，还留着让短短的碎发的我极为羡慕的飘逸长发，她扎着两条小辫子，上面戴着花。我抓着那条挂饰走到那个漂亮的小女孩儿面前，对她说"这个送给你"，她说"谢谢你婧茹"。

　　我为此开心了很久，比用手指一个个按破气泡膜袋还开心。

　　也有小男孩儿喜欢我，他们这么说。一个叫谢熠的小男生在我转学的第一天就给了我一颗糖，在放学之后还跟我说明天见，而我直接把人家的名字叫成了"林谢熠"。还有一个当时被誉为班草的唇红齿白的小男生亲了我的小小脸颊，但也许是跟风，因为在此之前有两个小朋友也偷偷亲了我。我的内心没有丝毫波澜，也不担心自己是否会怀孕，只是有点儿怕自己会不会对他们的口水过敏。

　　当然，我在幼儿园还干过很多傻事，比如：不小心把口香糖黏在了一个小朋友的头发上，我很内疚，就自己又嚼了一个口香糖往自己头发上黏；为了把好看的粉红色手巾让给其他可爱的小朋友，我选了一个男孩子用的蓝色的手巾；我被一个奔跑的小男孩儿撞到流了鼻血，并没有因为疼而哭，只是觉得被那么多中班和大班的小朋友们和老师围着非常不好意思；我还无数次在午觉时间自言自语被生活老师训斥。

　　我可爱的幼儿园和可爱的我，自娱自乐地等待，还未幻想庞大而遥远的未来。

　　现在回想起来，觉得非常有趣。我是孩子，也是阳光。

　　有人问：为什么那么任性？

　　我答：为什么那么刻薄？

我们都曾是谁昨日最亲的某某

萌兔子

1

等闲变却故人心,却道故人心易变。
来年陌生的,是昨日最亲的某某某。

2

记得以前临近毕业的时候,班里总是会刮起一阵写同学录的潮流。小学、初中、高中,每个阶段的我们都乐此不疲。

那时候,第一页和最后一页总是会留给那个特别重要的人。哪怕你没有说出口,那个人也会很霸道地把你书包里那本崭新的同学录抢过来,说等他写完再还你,然后你才能把它轮流递给其他同学。

我们每个人的青春里,都会有那么一个他,那个心仪了好久的他,不敢亲自拿给他,没想到传着传着却到了他的手中。以为他不会留下只言片语,而他竟在同学录的最后一页留下了好多真心话,还叫你以后要多多联系,不要忘了彼此。

那个最要好的死党,明明平日里大大咧咧,像个疯丫头,竟也会很煽情，变身文艺女青年，还写了七堇年那本《被窝是青春的坟墓》里一句我很喜欢的话。

后来才发现，一个人跟你关系如何，会在同学录里一一呈现。交情一般的，会有很多客套话，给大家的祝福基本一致；而交情甚好，别人甚至怀疑你们是连体婴儿的，不是留下一大堆真心话，就是留下很特别的记号，比如我同学录的第一页，作画骂我傻，告诉其他人不要跟我走太近，会被我传染。第一次看到的时候，在心里一直问上帝，怎么会给我安排这样的损友，而现在的我，再怎么向上帝祈祷，也遇不到这样的损友了。

那些在我同学录里写着要当一生一世的好朋友，永远保持联系的人啊，你们现在在哪里，过得好吗？

3

我很喜欢QQ。

喜欢一上QQ就可以知道谁在线，谁不在线，喜欢QQ可以设置隐身对谁可见，喜欢空间可以允许谁访问，谁不能访问。

这些设置让我觉得，那些特别的人，在网络上也可以同样享有特权。嗯，是进入我的世界的特权。

QQ上的那些说说、日志、照片、留言，一点一滴都在记录着我们的曾经，那是只属于我们的秘密。

现在我们都不会隐身只对谁可见，因为人家压根就不玩QQ了。我们也不会再设置空间允许谁访问了，因为哪怕你没锁空间，人家也不来你空间了。日志一直停留在过去，说说也是偶尔才会发，而留言板，只剩下一个人的自言自语。

我真的很怀念那时有人天天跟我留言安好，夜夜跟我互道晚安。怀念有人会看了我说说或日志，跑去翻我的留言板，猜测我的心情，最后憋不住又去私聊我。怀念哪怕我任性删了所有人，还是会有那么一些人再厚着脸皮加回我，包容任性的我。

现在在微信里，比当时的QQ有更多的人，有很多认识的，不认识的，一发朋友圈基本都会象征性地点赞，于是待会儿就会看到很多个与你有关的"赞"，可事实上也都与你无关。

很多好友的情况也都只能在朋友圈看见，明明很想评论，最终只是点了个赞，表示自己有关注。

其实，我并不是真的喜欢QQ，我只是喜欢QQ里的你们。

4

在这个科技发达的时代，智能手机随处可见，而我无数次莫名地渴望回到那个拥有一只诺基亚手机就无比兴奋的时候。

我的第一只手机是诺基亚，很耐摔、很省电，可是手机本身内存不多，这是我对诺基亚手机的印象。

第一次拥有自己的手机，很激动地跟那些重要的人要联系方式，小心翼翼地保存下每个号码。然后在每个重大节日，都会给通信录里的每个人，发内容不一致的真挚祝福。

那时候短信是保存在手机的内存里，有限制只能保存多少条，于是我每次都要把10086的短信以及各种垃圾信息都删掉，腾出空间给那些重要的人。

我还建了单独的文件夹保存那些短信，每次我开心或者不开心的时候，都会打开文件夹，去翻翻那些短信，于是心里就有了安慰。

现在，手机的通讯录多了很多人，手机的内存也增加了，只是难受时，一遍遍来回地翻通讯录，最终又放下手机，我也已经想不起那个二十四小时为我开机的人是谁了。

现在的我，不会再设单独的文件夹去保存短信，那些曾保存在我单独设的文件夹里的人，也几乎不会再找我了。

我们真的很有默契，你不找我，我也不找你。

5

有人说,这是一个充满离别的时代,可是我真的不知道该如何去面对这些离别。

有些人,已经失去了联系方式,只剩下昔日的回忆。

有些人,明明联系方式背得滚瓜烂熟,却不知该如何去联系。

世界那么大,有的人走着走着就结伴而行,有的人走着走着就散了,有的人走着走着又重逢了。

无论你们是一直陪着我的,还是想陪着我却心有余而力不济,最终化作只言片语的陪伴,我都甚是感谢。

去年夏天,董年告诉我,你经历过这么多人,聚聚散散,分分合合。以后还是会有。但是你要记得,最后留下的,永远是我。

即使你们一直沉默,我也会假装你们已经默认,在心底悄悄建个回忆城,留住住在旧时光里的你们。

哪怕现在的我们,已经有了各自新的生活,我从来没有忘记我们曾经有过的回忆。

6

我是一个可以靠回忆活很久很久的人。

每一点点温暖的回忆我都想记住。

我会难过,来年陌生的,是昨日最亲的某某,但也感谢你,曾是某某。

感谢那些青春岁月里,曾经出席过的你。

我会带着那些温暖的回忆,继续走下去。

于千万人之中偶遇

　　那个冬天真的是有生以来最温暖的冬天了，直至今日仍然是。我的身旁有一个小天使，他什么都好，很善良，学习好，情人眼里出西施，小天使最好看，比年段段草还好看，不服我可是会打人的；他还会做饭，温柔细心，那时候我想，这辈子要是都能和小天使在一起就好了。

于千万人之中偶遇

7 乐

1

不知道你们学校有没有这么一种规定，就是上课迟到的人要被罚扫卫生区。上高中那会儿每个班级都有一块地方属于分扫区域。平时是一组四个人打扫，特殊情况——比如我这种一星期五天迟到四天，每个早自习都趴在桌子上补眠的人，老师实在忍无可忍地让我一个人去打扫我们的卫生区，在早自习的时间里，顺便让我清醒清醒。

冬天大家都懂了，冻手冻脚的，拿着扫把在冷风里跺脚，这边扫一下那边扫一下，果皮纸屑、树枝落叶，也就这么点儿看得到的东西要扫掉，可是总像扫不完的样子。

原本就不怎么清醒的我万分沮丧，把扫把放一边，坐在绿化带旁缩成一团打算补个觉。别问我冷不冷，我裹成粽子的，在别人爱美不怕流鼻水的时候，我永远是周围一圈人里手最热乎的。

若莫就是在这个时候出现的，我开始要进入状态的时候有人推了推我的肩膀，我迷迷糊糊地听见有人在问我，同学你怎么了？作为声控的我表示他的声音温醇动听，行为却不怎么友好。强迫着自己清醒过来抬头与他对望，他轻微皱着眉头问我说，同学你身体不舒服吗？

那时候的我只想一扫把打死他,但是幸好我还没困糊涂。微笑摇头回答他,没,就是有点儿困。

若莫听我说完我被罚扫卫生并且还困得直接坐在地上的事情后主动帮我去扫卫生区,我就在一旁坐着看着他把果皮纸屑树枝落叶都扫进畚斗里,贤惠得像个家庭主妇……夫?我被自己的想法逗笑了,觉得若莫真是小天使。

2

接下来的一个月里我依然一个人承包着卫生区,小天使几乎每天早上都会过来,偶尔还会给我带个包子或者一杯现磨豆浆,全都是热的,和我的手一样热乎。

人和人的友谊就是这么奇怪,有时候缘分来了,就认识了,千万人之中,就认识了你这么一个。

小天使真的是很好很好很好的人。

当我把亲手织的围巾套到他脖子上时,他竟然红了眼眶。那时候好心疼小天使,怎么一条围巾就让你感动成这样?

他手插在口袋里,垂头走在旁边,呼一口气就能看见白色的雾,我用眼角的余光偷偷地看着他呼出的白气发呆,一边走路一边神游,脑袋放空不知道在想些什么。冷不丁地就被一股力气拉回来,我回过神就看到小天使一脸惊魂未定。

等到我们都缓过来,那辆疾驰而过的车就只剩一个小小的影子,融入公路看不见的尽头里。

他转过头劈头盖脸地一顿斥责,说我走路不好好走,今天要不是他在我是不是已经躺在大马路上了灵魂和大地在深入交流了,脖子上红色的围巾衬得他的脸色更加好看,薄薄的嘴唇一开一合的竟然十分性感。

鬼使神差地,我突然伸手抱住了他,在人来人往的街头,在阴恻侧的冬日黄昏，天气没有一丝丝的温度，可是我却倍感温暖。

他的声音渐小，靠着他的胸口听他的心跳，一声一声，慢慢地在加速。

3

所以他就算是被我强行勾搭到了，也许算个男朋友？早上我已经不怎么会迟到了，因为要和他一起在食堂里吃早餐，午饭来得及会约着一起吃，晚饭偶尔他会帮我带，我们还多了一项日常——晚自习下课在操场上散步牵手。

冬天时很冷并不想动，可是握着我的手的人，他也有一双热乎的手掌。

那个冬天真的是有生以来最温暖的冬天了，直至今日仍然是。我的身旁有一个小天使，他什么都好，很善良，学习好，情人眼里出西施，小天使最好看，比年段段草还好看，不服我可是会打人的；他还会做饭，温柔细心，那时候我想，这辈子要是都能和小天使在一起就好了。

也许是因为热恋，所以总是会想得长久，久到一生的光景都愿有你参与。

你在就好了。

后来冬天过去了，春天开始，渐入夏季。高考随之而来，铺天盖地的卷子使得我们之间连一起吃饭的时间都没有了，但他还是会在每个睡觉之前的夜晚给我留一句晚安，写在他的日记本里。

高考结束后日记本送到了我的手里，我的小天使他很有心。

4

大学我们如愿同校，不同专业，两个人隔着大半个学校，虽然同校却像异地恋。若莫的好在大学里最大化地发挥出来,他是班长,乐于助人,还参加了校级的十佳歌手比赛。他唱歌很好听我早就知道了。

我坐在观众席,很远很远地看着他,当年因为一条围巾而感动得红了眼眶的小天使变成了一个小方块,远远地在那里唱歌给大家听。不再是专属我一个人的。

有人给他送花,他稍稍弯腰去给她拥抱。那句话这么说的,小矮子你不用长高,我会弯腰。

我想,我的小天使这是要被别人抢走了吗?刚刚送花的人,看身材,和小天使很般配啊。小天使会不会,就不喜欢我转头喜欢上别人了?

那天他进了复赛,我们出去吃饭庆祝。我说,要不我们分手吧?

上一刻还笑意吟吟的他,一时无法反应过来,脸上的表情,几分钟都没有变换,像极了当初,我们认识时,又傻又天真的样子。

5

我怀揣恶意的猜测让我辗转和那个女孩子认识并成为好朋友,一个善解人意的姑娘,笑起来有温暖人心的力量。

我们从一开始不相识,到后面相知,我了解她的喜好,去接触她喜欢的事物,有了共同话题,聊天的内容越来越丰富。

所以我轻易地得知,若莫后来没去参加复赛,生了一场病,嗓子哑了。姑娘颇为惋惜地说,听说若莫原本打算在复赛上给女朋友一个惊喜。姑娘说起若莫的女朋友的时候,一点儿也没有嫉妒的样子,她说,我们全专业的人,都知道若莫有一个女朋友,从高中就在一起了。

他好喜欢她啊。

英语课有一个对话活动,让组员编一个对话,讲讲心目中完美女友的样子,若莫的同伴跟他说,你把你对女朋友不满意的地方说一说,我们按着这个的对立面来写。若莫想都没想就回答:"我的女朋友没哪里不好。"

　　恩爱秀死全班，那时候我们都为他感到开心。我们那么好的班长有一份很稳定的感情，他每天都在为了这份感情的未来而努力着。

6

　　都是我不够好。
　　于千万人之中好不容易在一起，却又没珍惜。
　　也幸好，没有继续在一起，曾经的我的那个小天使，值得更好更好更好的人。

回忆迢迢，你终将告别

八 蟹

暑假回家的路途中用QQ和林亦舟聊天。

那时候已经午夜十二点多了，他暑假自学会计，渐渐日夜颠倒。聊到一半他突然发了视频通话的邀请。我看见他在那头吃炸鸡，样子和以前一样。我的镜头对着箱子，并不想让他看见我吃胖的脸。

终于到A市之后借住在表哥表嫂家，林亦舟让我发位置给他。发完之后他回了一句话：你敢不敢离我再近一点儿。当我收到他的位置时我才惊奇地发现他家小区竟然就在表哥家小区旁边。我发了两个字"太巧"。他则发"孽缘"。白眼回他。

其实整个高三年我们连朋友都算不上。面对面讲过的话不超过二十句。直到高考结束我才加了他的QQ。在那个一直闷头灌酒的毕业聚会结束后的晚上我和他告白了。

我并没有醉，头脑反而异常清醒。我想了很久才决定告诉他我喜欢过他，虽然不是刻骨铭心的喜欢。

1

林亦舟在距离高考只有八十一天的时候转学到了我们班。

男孩子皮肤很白，面目端正。这是我对他的第一印象。第一印象里没有喜欢。

有一天老师在班上读一份名单让我们看看有谁漏了没。名单读完，有人说没有林亦舟。我们的班主任有些迷糊，转了转脑袋才定睛看见了他，然后笑了，说，刚转来忘记写了。

我顺着班主任的目光看去，林亦舟站在后门那里，半边身子在教室外面，手扶着墙探进来一个脑袋傻笑。

那个时候我有一瞬间的晃神，转回来之后心里想的是：他笑起来还挺好看的。

没有想到后来我总是时不时回忆起林亦舟的那个笑容，再然后我发现自己会不自觉地去关注他。

于是恍然大悟，原来我好像有一点儿喜欢他。

我们是同一小组的，但我坐在第二桌，他坐在倒数第二桌。我偶尔能看见他。

在他走到前面的时候我都会假装不经意地抬头看他一眼，然后低下头继续做自己的事。

高三最多的就是考试，考完试老师会把答案贴在后门旁边的墙上。

因为没有带手机，那次晚自习结束后我就到后面把纸按在墙上，站着对答案。结果到了熄灯时间，咻的一下教室就黑了。这时候林亦舟恰好从后门进来，看见了这个情景。他从口袋里掏出手机打开手电筒帮我照亮。整个过程他一句话也没说，只是举着手机，一直到我对完答案。

我的喜欢一直很隐蔽，唯一暴露的一次大概就是拍毕业照那天。大家分批和班主任合照时只有林亦舟恰巧被光笼罩住，光线刺得他睁不开眼。他对着站在一旁的我们说："你们谁过来帮我挡下阳光啊。"

害怕自己对他的喜欢会被发现于是一直举棋不定。

犹豫了很久最后还是走了过去。

"只要脸上的光遮住就行了。"我踮起脚把两只手举起来，两只手并拢在一起恰好可以挡住他脸上的光。他说对，就是这样。

我站在那里看着他笑得灿烂的脸，手上阳光的温度蔓延了全身。

2

高考的前两天学生自愿选择来是否学校复习。我有来，林亦舟也在。

我坐在第五组第二桌，靠窗。林亦舟因为调皮被班主任强制安排在第五组第一桌，我的前面。

夜晚，窗子上的林亦舟低着头看书，我静静地看着窗户上他的投影，幸福和怅然若失的感觉交错在心头。

林亦舟去打水的时候对我晃了晃手里的水杯问我要装水吗。奈何我杯里还有半瓶水，只好摇摇头说还没喝完。他点了点头就走了。

那一刻我真的是恨不得打开水瓶要么一口气喝完，要么从楼上倒下去，然后在他问我的时候我就可以假装凑巧地说好啊。

可惜没有如果。

高考结束后班级聚会。

离别的气息上头，我喝了很多酒想要醉倒然后去跟他表白。只是这时候表白有什么用呢，我也并不想和他在一起。我知道我们不可能在一起。

聚会结束，散场，回家。整个晚上我没有和他说一句话。

但在回家后还是很没出息地在QQ上和他表白了。

聊到了第二天的凌晨四点多，手机自动关机，睡觉。

记得他说：谢谢你喜欢我。

3

高三的时候看完了《平凡的世界》，对里面的十年之约印象深刻。于是高考结束后我对他说：林亦舟，十年之后我们再见一次面吧。

林亦舟显然没有当真，但我坚持要见一面，所以我们约定第二年的2月4号见。

在这个约定立下不久我们的关系就破裂了，原因在我，因为欲望是黑暗的深渊。我们越聊越糟糕，再到后来我们就变成了只存在于列表里但从不聊天的好友。

上了大学之后开始新的生活，心里却一直记得和林亦舟的约定。就像书里谢廖沙描述的那样，"每当快到约会期限的那几天，我总觉得有一种强烈的不安。仿佛过去的这些年我一心一意在为这次约会作准备。"

寒假如期到来。2月4号晚上我已经换好衣服准备出门。只是心里还是有点儿害怕只有我一个人赴约，于是在QQ上问他现在有没有在岛上（我家住在海坛岛）。

他说没有。

我的心因为这两个字在大冬天掉进冰河里。

那时我想大概我们这辈子都不会再有什么机会见面了。直到快放暑假前决定去A市待几天，而林亦舟家就在A市。

过去的假期他都会去肯德基打工，就问他这次有没有去，想说去他打工的店里看看他。然而他并没有再兼职了。不过林亦舟说可以啊，到时候就约在我以前打工的店里。

到A市后的第三天终于要去赴约。

五月的军训让我黑得特别多，也胖了很多，形象大打折扣。尽管是这样，我仍旧想见他。

这种期待与强烈的愿望我说不清是为什么。

我在小区的门口低着头摆弄手机，等林亦舟的出现。我担心会尴尬，因为我们从来没有一起出去玩过，甚至连对话都少有。但是当他出现在我面前露出大白牙对我笑的时候我突然就觉得，单单这个笑容，这次的见面也有了意义。

林亦舟穿着蓝白格子的衬衫，短裤，露出结实而细长的小腿。皮肤一如既往地令人嫉妒的白。

起初是说约在他打工的店，后来改成去江滨散步。我口很渴，他带我去一家他过去经常喝的奶茶店买奶茶，坚持不让我付钱。

等公交的时候我眼睛看着马路。林亦舟站在我旁边时不时低头看我，是一种观察的眼神。在车快来的时候他说，你看起来一副人畜无害的样子。

4

那天晚上我们一起走了很久的路。从公园出来时将近十点了。我还没吃饭，林亦舟带我去他打工的肯德基。

林亦舟点了他认为肯德基里最好吃的蛋挞，又买了一对鸡翅和冰激凌，他自己就点了个可乐。他出门前吃过饭了。

我挺不习惯别人看着我吃东西，于是一直低着头干吃。林亦舟就笑了。我抬头看他。他说你吃东西好像小孩子。

灯光很亮，但我还是觉得我可能脸红了。

因为吃了很多就决定步行回去。

等红绿灯的时候他感慨：你怎么这么像小孩子啊，脸也像身材也像。我送了他一记白眼。他夸我长得年轻的同时还不忘吐槽我的身材。

尽管是这样，当过马路他转过头对走得有点儿慢的我说"走吧小孩子"的时候，我还是会有一种很特别的感觉。

说不清那种感觉。

快到小区时林亦舟说起我们的见面。"那时候真的没有想到我们会再见面。"我在一旁点头。

后来我回到家乡，在微博看到《月童度河》里的一句话：因为我们有约，所以遇见。便有种大概这是注定的错觉。

在高三我们讲过的话不超过二十句，可是后来的我们一个晚上说了好几个小时的话。我们高三一点儿也不熟，他却成为我上大学之后第一个约出来见面的高三同学。

分开时我说了再见，他则是朝我挥了挥手。

5

回家后我和林亦舟仍保持着联系。聊天频率像是回到了高三那年暑假。

我发现，我心里似乎有那样一种期望，很微小甚至不敢说出口的幻想。林亦舟对我会不会有一点点的喜欢，哪怕只有一点点的好感也好。

我没有问过他这个问题，直到有一天忘记说到了什么，他说了一句，不要太想我。我学着他，回了一句你也不要太想我。他接下来的回答让我沉默。他说：你觉得你有什么值得让我想的地方，是你的小短腿还是你的小身板？

我知道这只是一句很无心的玩笑话，但我仿佛确实清楚了一些事实。我没有再回复。

我们再次成了熟悉的陌生人。

很久以后，我在书里读到了一句话：想起以前跟你一起走了很远的路。这句话瞬间让我想起了林亦舟，随之而来的是无法抑制的眼泪。

我不知道未来我是否还会和他有交集。

　　我想，我们相遇的最终意义大概就是明白在往后的日子里就算成为陌生人，回忆终究难忘。而无论回忆多难忘，也终将成为过去。

　　谢谢你的意外出现。

　　还有必然告别。

哪怕有微弱的星光，也要向前奔跑

李纳米

瑾是我们班的同学，但又好像不是。因为他走在学校里，身后只有他自己长长的影子拖在地上。这样的一个人，放在别班也无所谓。

瑾的脸像是年久未修的公路，坑坑洼洼，一双小眼睛缩在眼镜后面，眼皮微肿，看上去总有一丝猥琐。人家跟他说个话，他也不看人，总盯着别处，右手还喜欢握拳放在嘴边，让人总觉得有些怪异。所以我们班没人和他玩。

一次物理分组，自己找自己亲近的人分组。几乎所有同学都叽叽喳喳地飞向自己的好朋友，有些同学还难以取舍——没办法，人气太高，被别人抢着要。可唯独瑾还坐在自己的座位上，他瞅瞅这个，望望那个，又看回自己的物理书。最后大家分好了组，他还是一个人。没办法，人气太低，没人要，老师只好就近把他强插进后面的某个小组。

这样一来，他就不得不背对着老师上物理课。上课了，老师点他回答问题。他站起来后，椅子卡住了，转不过来，居然用屁股对着老师。老师不乐意了："你能不要把屁股对着我吗？"全班哄堂大笑，他那句小小的委屈——"老师，椅子卡住了转不过来"就这样湮没在欢乐的海洋中了。

他出的糗越多，大家就越爱拿他开玩笑，时间长了，似乎一提到他，大家都一副忍俊不禁的模样。

下课的时候，瑾总爱坐在座位上看《读者》。一次我们班的语文第一经过，惊讶地"啊"了一声，不敢相信地看了一眼他手中捧着的《读者》，以一种轻蔑的语气说："你也看《读者》？"瑾还没来得及说话，一群正围着手捧《爆笑校园》的男生一拥而上，不由分说抢过他手中的《读者》，对他叫道："就你这样的也看《读者》？你看得懂吗！"然后将《读者》摔在他的桌上，扬长而去。瑾一言不发，只是在他们离开之后，默默地把《读者》卷起的页角铺平，又沉默地看起来。

初中的日子似乎就在大家的欢笑声中过去了，瑾变得更加沉默，也不与人交谈，一下课就坐在座位上，要么做作业，要么静静地看《读者》。

一次，语文老师要大家写一篇周记，关于对学习的看法。大家兴致很高，几乎所有的同学——除了老考第一的学神外，都声泪俱下地控诉了自己这些年受的考试折磨。

只有瑾写得不一样，他写的是：

> 如今我们生活的社会就好像一个圆，我们每个人就是这个大圆中套着的一个小圆。我们学习、考试，就是在尝试走出这个圆。我们学得越多，走得越远，也许有一天我们会突破自己的小圆，然后去接触更多的知识，继续前进，再有一天，我们可能突破自己的大圆，为整个人类所生活的圆又拓宽了一点儿。这就是学习的意义。

语文老师平静地朗读完了这一小段文字，全班鸦雀无声。

我们朝夕相处的瑾，许多同学尽情嘲笑的瑾，被语文第一名看不起的瑾，就在我们看不见的黑暗之处，凭借心中那看不见的一点儿微弱的星光，奋不顾身地奔跑着。

开在石缝中的花，人们惊羡于它的美丽，却不知道它的成功，浸透了血与泪。也许你不被认可，也许你倍受质疑，甚至你忍受着别人的欺凌，请不要放弃，哪怕还有一丝希望，也要奔跑，朝着你要到达的地方。

相思寄与谁

惜瞳惜了

1

昨天出门的时候看见路旁的樱花开得热烈，白色的花瓣簌簌落满街道，过往行人忽觉肩上沾满花香，纷纷抬头驻足。路旁的绿皮邮筒也身披花瓣静候一旁，等我走过一条不长的街收下我的信。而我觉得，我是走过缥缈的三月，寄给你一封信。

2

你离开的时候说很快就回来，便把骆驼交给我。骆驼在我怀里打滚，讨好地叫唤着。你踏上南下的火车，冲我们挥挥手。而我和一只猫在火车站坐了一整天。旅人带着行李步伐匆匆，无数次与我擦肩而过。我在想，这会不会是你恶作剧，下一秒你会突然出现，对我说，"傻瓜，我不走了。"可是并没有发生，我不是你的行李。

我对骆驼说："走吧，我带你回家。"骆驼温顺地趴在我肩上，我们走在空旷的夜里。

3

  时间过得很快，不知道你的旅行怎么样？你见到什么样的美景，遇见过什么有趣的人，闹过什么样的笑话，这些你在信中只字不提。你只是说想家了，有点儿想骆驼了。早上我给骆驼读你的信，骆驼懵懂地看着我，我把信拿给它，它便把两只爪子按在信笺上。你是否收到一封开出花朵的信，那是来自骆驼的思念。

4

  你有好几天没有回信了。翻看你的信件，上一次你顺手夹在信件里的树叶已被手指熨得发烫发黄。我能从那小小一片叶子里，读你所在城市的季节，读你抬头看云时的天气。可是你最近什么也没有寄给我。下午我抱着骆驼坐在窗前，看天上积满了云，泣不出一滴雨。

  我想，你在的城市会下雨吗？也许下雨了，雨水会冲刷掉树上最后一片叶子，雨水会汇成河，从天上流到地上。请你打起伞，不要被雨水淋湿，这是一个易感冒的季节。

  嗯，我不急着等回信，真的。

5

  你知道吗？骆驼有时候会偷偷跑出去。有时是在天蒙蒙亮的时候，有时是在黄昏。一开始我急坏了。大街小巷走遍，悲伤在心里积了水。我快要绝望的时候，在邮局门前的邮筒上看到了一只猫。骆驼睡着了，我怜悯地抱起它，摸摸它毛茸茸的头。后来骆驼每天都来，我跟着它在后面跑。我感到哭笑不得，不敢相信这是那只平时动都懒得动的懒猫。

我想这就是思念吧，明明知道你下落不明，还是用尽一切方式想要靠近你，再靠近你一点儿。

6

终于收到了你的回信，你在信中说已经踏上回家的航班了。我开心极了，可是我念给骆驼听的时候，它只顾着玩它的毛线球。

我带着骆驼去了街角那家金鱼店，带回一条小金鱼。上次在你家里的水族箱里看见过一条，我想你会喜欢。

晚上我把装在塑料袋里的金鱼倒进新买的鱼缸里，我趴在鱼缸前看金鱼吐泡泡，骆驼跑过来扑到我的背上。我说骆驼你可不能伸爪子。骆驼动了动胡须。我说骆驼你要和小金鱼当朋友。骆驼把爪子按进鱼缸里溅得水到处都是。我狠狠地教训了骆驼一顿，那只馋猫被我揍得嗷嗷直叫。我想等小金鱼放进你家的水族箱里，骆驼就动不了坏心思了吧。

夜深人静的时候梦见小金鱼在我面前游啊游，它扭动着灵活的尾巴，像钻进水里一样，消失在月色里。第二天什么也没有发生。小金鱼依旧待在鱼缸里，骆驼却不见了。我赶到邮局果然发现了它，还有你的一封信。我有点儿惊讶，同时又有点儿惶恐。如果没有拆开这封信我不会那样的失落。

你说暂时不想回家，希望在外面多待一会儿。你却没有告诉我为什么。

7

很久之前你告诉我，你想要一场说走就走的旅行。你认真的样子令我不容怀疑。可是你没有告诉我你要去哪里，只说你要去见一个很重要的人。那时你说，你是我最好的朋友，我想把骆驼交给你，你要等我回来。你说再见的时候头也不回，我不敢去牵你的手，也不敢挽留。我知道也许这是一个错误。

8

我问过金鱼店的老板，之前是不是有一个女孩儿经常在你这里买金鱼？老板说好像是有这么个女孩儿，喜欢养金鱼，可是笨手笨脚的，养不活就又来买一条。上次我认真地教过她养金鱼方法，没想到她真的很久都没有来了，现在金鱼已经养得很好了吧？我笑着说，那倒不是，她出了趟远门，去见她喜欢的男生。老板若有所思地看着我，我不敢看他的目光，怕他觉察我眼中的失落。

走出店门的那一刻，我却是满心欢喜。那一天我以为，你就要回来了。

9

我想那个男生最后拒绝了你，你一定很伤心。毕竟用尽了勇气，才穿越那么多座城市去找他。最后给你寄了一封信，希望你拆开看一眼。另外骆驼很想你，我也是。

信很长，都是我的满腹牢骚。但你可以看最后一句话：不要一个人孤单，欢迎回家！

凉拌高考

莫小西

1

6月8日下午五点，英语考试结束。当广播里响起"考试结束，请考生立即停笔"时，我的大脑像死机了一样。几秒过后，开机重启，我说了高考再见，当然，再也不见！

老妈在考场外等了很久，我一出校门就看到了瘦小的她。我问她为什么会来，她的回答是刚考完试怕有人打架会误伤我。我嘴上嘲笑老妈矫情，却在心里暗自高兴，我明白她是想陪我走完人生中最重要的一次考试。

我想起了一句更矫情的话："你的过去我来不及参与，你的未来我奉陪到底。"

考试之前所有人的打算大致都一样：睡个几天几夜，把错过的电影和动漫都看一遍，参加各种聚会，向喜欢的人告白，从晚上疯到天亮，从星辰唱到黎明。可是现实往往是残酷的。当你躺在床上时完全没了睡意，打开电脑也只会停留在桌面，那么多想看的电影、动漫瞬间都想不起来。聚会上你在心里打了多少遍草稿组织着语言要说出那句深情的话时，你喜欢的人挽着别人的手走进来了。

高考完的感受就是这样，有大把大把的时间，却无事可做。

当我玩开心消消乐玩得正起劲儿时，大叔发过来一条消息："亲爱的，你的稿子啥时候出炉？"

很不情愿地退出游戏界面，我才记起自己到底欠下多少债。

高考之前我忙学习忙锻炼，却也在忙中抽闲，大半夜爬起来写稿码字，然后第二天顶着一对熊猫眼去上课。虽然那样的日子过得很荒唐，可是我很充实啊！老妈看我整天精神不振脸色苍白，于是给我熬各种汤来补。然而我却没有丝毫负罪感，心安理得地喝完一碗汤，满足地打个嗝。

当我被从高中那个令人压抑窒息到想逃的深渊里解救出来时，我发现我又渐渐地走向另一个旋涡，丢失了方向感。

班主任鼓励我们的话还响在耳边。

"再坚持几个月啊，努力一下你就成功了。"

"再坚持几个星期，你们的好日子就要到来了！"

"再坚持两天吧！只要8号下午的结束铃声一响，你们就解放了！"

2

真的解放了吗？对一部分人是，对我来说感觉更像是等待一场审判。

晚上都会梦到自己进入了一个三流的本科学校，梦里妈妈失望的眼光，身边朋友的嘲笑，还有我那流不完的眼泪。

醒来后安慰自己，梦和现实是相反的，再不济也应该是二本的学校啊，曾经我那么努力啊！擦干眼泪，迷迷糊糊又入眠。

查成绩的那天晚上，我跟表妹死守在电脑旁。官方消息说好的是零点准时放榜，可是我们等到深夜两点也没有消息。我一遍一遍忐忑地输入准考证号、密码，心都跳到嗓子眼了，点击进入，依旧无果。我对自己没有信心，也害怕现实真的会像梦里那样。

　　表妹倒是很淡定，她有实力，每次月考、模拟考都是全班第三，考上一个重点是所有人意料之中的事。凌晨三点，表妹睡得很安详。

　　打开电台，听着我最喜欢的主播的声音，思绪却一片混乱。我尝试着一点一点把记忆都理清。从高一到高三，再到毕业，高考。曾经以为是很遥远的事，现在却像电影一样一幕一幕地回放。做完这个梦，我再一次输入密码。

　　看见电脑屏幕上的那个三位数，我没有任何表情。跟闺密聊分数，安慰她，忘了自己也是个需要安慰的人。

　　凌晨四点，我听见卧室里传来舅舅的笑声，接着妹妹被吵醒，后来，外公外婆也起来了。

　　原来表妹高考填的手机号码是舅舅的，出成绩的第一时间短信就发过来了。她考取一本的事在几十分钟内便传到七大姑八大姨的耳朵里。短短几十分钟，我却像度过了几个世纪。我听遍了对表妹的奉承的话，也听够了对我的数落，只有外婆走过来安慰我："没事，至少是个本科，只是学费高了些，但只要好好努力就行了。"

　　没错，跟我梦到的一样，我考上了三流大学。

3

　　回家后老妈在炒菜，我躺在床上看着毕业时拍的照片。老妈突然凑过来偷看，我也不吝啬，递过手机给老妈介绍照片上那一张张充满笑容的熟悉的脸。

　　"这是我们的语文老师，我们都叫他男神，是不是好帅呀！"

　　"这是我们班的学霸，你别看他个鼻涕虫，他解题的速度可快了。"

　　"这个……"

　　老妈突然瞪大眼睛，看着照片中单膝跪在我面前，手里拿着一枝玫瑰花的男生。"他是谁，快说！"

"哎呀，这是我们班长啦，毕业典礼上他们闹着玩呢！"

老妈半信半疑，猛然想起火上的锅，尖叫着跑进厨房。

我的手指轻轻滑过屏幕时，看到了我跟闺密的合照，眼泪突然就流了出来，老妈看到我，表现出一副惊慌失措的样子。我擦干眼泪，摆出一个大大的微笑，"妈，我毕业了，但是我让你失望了。"老妈一副见了神经病的模样，让我洗手吃饭。

"我不是说过了吗？别给自己那么大的压力，努力过就够了。"

4

"母亲大人，你看外面的天气这么晴朗，阳光这么明媚，祖国的大好河山如此美丽，想必能出去走一走是极好的！"

"说人话！"

"妈，我想出去旅游！"

这话如果是在我考试之前说出来，我肯定会被我妈一巴掌拍到墙上，抠都抠不下来。可是现在我长大了啊，我解放了啊，我的心野了啊，我胆儿也长肥了啊！

好吧，我实话实说。从小我就在家人的庇护下长大，从来没单独出过远门，你说我长得这么俊的一个女孩子，一个人出门多危险，要是被哪个猥琐大叔看上了怎么办？（你确定？）其实我就是一路痴，在不熟悉的环境中，拐个弯都会迷路，你说我妈能放心我一个人出去吗？

我已经做好了被我妈骂得狗血淋头的准备了，大不了就一哭二闹三上吊，然后……然后再屈服，乖乖待在家里。可是结果让我意想不到。老妈叹了口气，语重心长地说："其实以前不让你出去的原因是怕你去见网友，你这么傻，肯定会被骗的。"

最后知道真相的我眼泪掉下来……唉，大人的世界真是太复杂了。

"现在我也知道你跟那个网上认识的男闺密闹了红脸，肯定不会去找他，所以我也就放心了！"

好神奇！老妈是怎么知道的……

收拾了简单的衣物，第二天老妈给我拨了款我就一个人出发了。出乎我的意料，老妈没有磨磨叽叽交代一堆，而是简单地说了一句"照顾好自己，早点儿回家"，我突然有点儿不适应了，这是我亲妈吗？

5

一个人的旅行那么完美，可以随时改变路线，去想去的地方。累了坐下来喝一杯咖啡，享受片刻的宁静。路边的小狗龇牙咧嘴对你笑，公园里的小孩儿在余晖下踩着影子追逐嬉戏，傍晚一对老夫妻相互搀扶的身影，一切都那么和谐。

一个星期后，我结束了我的单人旅行。回到家时收到了录取通知书，老妈笑了，有一副多年媳妇熬成婆的表情。

我高考失利的阴霾也一扫而光。如果你不趁着年轻多出去走走，那么将来你用什么来怀念青春？

我拿着录取通知书，期待着下一场旅行。

小 酒 窝

舒 阳

　　前几日整理书架时，我在《巴黎圣母院》和《呼啸山庄》之间，意外地发现了那张薄薄的唱片，戴着牛仔帽、穿着格子衬衫的林俊杰印在唱片的封皮上。

　　有个成语叫作"睹物思人"，果不其然，在看到它之后，我便突然想起了你。

　　这张2008年发行的《JJ陆》是林俊杰事业巅峰时期的代表作，更是华语唱片业曾经鼎盛繁荣的记录。但于我意义最为深刻的，就是那首曾经传唱于街头巷尾的《小酒窝》。

　　那年我们都是十六七岁的年纪。

　　在我高二的某一天，作为转校生的你，小心翼翼地跟在有些发福的班主任身后走进了教室。

　　彼时我正聚精会神地盯着书桌里的一本杂志，直到后座的闺密戳了戳我的肩膀，我才下意识地抬起头。

　　当我的余光瞥见你的面孔之后，便再也移不开视线。

　　班主任用粉笔在黑板上写下你的名字，介绍了两句，而你只是有些羞涩地站在前面，微微抿唇露出一个淡淡的微笑，然后右侧的脸颊上便浮现出一个小小的酒窝。

　　因为个子高的缘故，你被安排在教室靠窗子那排的最后一桌。

自那之后，我的笔袋里就多了一块小小的镜子。偶尔翻笔时会不经意地调整镜子的角度，悄悄地看看你。

用现在的流行语来说，身上带着淡淡文艺气息的你大概算得上是男生们眼中的"绿茶"。

会弹吉他、会弹钢琴、喜欢作曲、画画不差、成绩超棒、笑起来有甜甜的酒窝、皮肤白得透亮、穿着白衬衫尤其好看的你，简直是所有女生梦想中的王子。

我经常会看到午休时你周围围满了"请教问题"的女生。后来，就连我最要好的闺密也捧着数学笔记在你的桌子旁排起了队。

我淡淡地看了看你的周围，然后转身离开了教室。

2008年北京的雾霾远不及现在这么严重，所以那时操场上的空气十分清新，我坐在红色跑道的边缘，深深地呼吸着，好似要把心里的不痛快全部呼出去似的。

听闺密说关于你的八卦后我才知道，在你刚出生时，有算命的老爷爷说你命里带凶，只能起个粗糙的名儿将养着，所以你便有了"林加帅"这个名字。

我多想像那些围在你周围的女生那样，甜甜地叫你的名字，尽管你的名字远不及你的声音来得好听。

可是我并没有这样做，因为十六岁的我有着一米六一的身高，却同时拥有一百四十斤的体重。

对于当时的我来讲，你就像挂在博物馆墙壁上的名家油画，我只能远远地站在红色的围栏外面，安静地欣赏你，却无法靠近哪怕一步的距离。

我距离你最近的那一次，是在高二下学期的一次春游。

行动缓慢是我的特点，就像我的名字，陈曼。

用闺密的话来说，我就是这样一个沉默又缓慢的姑娘。

那天我照例是全班之中最后一个离开大巴车的人。偏巧，我在路过你的座位时，看到了被你遗落在座位上的一个硬壳本，本子的侧面还挂着一把精致小巧的锁。

我想那应该是你的日记本。

犹豫了几秒钟，我将那个本子塞进了自己的书包里。

晚上回到家，我洗漱完毕后窝在自己的小床上，将你的日记本放在我的膝盖上。我伸出食指抚上了你写在本子封皮上的名字。

那天晚上我睡得一点儿都不安稳，你不时便会出现在我的梦中，让我觉得自己无所遁形。我拼命想躲到一个让你找不到的角落，你却每一次都会出现在我面前。

直到最后，我猛地从梦中惊醒。

我瞥见窗帘外的天空已经有些微微地发亮。

垂下眸子，看到自己随着手掌的伸开而显露在手背上的四个小肉坑。

那时的我是那样的懦弱而自卑，就连在梦里与你对视的勇气都没有。

第二天一早，我比值日生都早地到达教室，趁着四下无人，将那个本子塞到你的书桌里。但是这匆匆的一瞬间却让我发现了你的另一个秘密。

你的书桌里有着一摞厚厚的音乐杂志，这些"闲书"自然不能放在家里。

为了避免被家长发现，所以课桌成了你收集梦想碎片的宝地。

随手翻了几页，我发现每每与林俊杰相关的地方，你都认认真真地用彩色的荧光笔和便利贴做了批注。

以前就曾经听说你最喜欢的音乐人就是林俊杰。

你还说过，比起红得发紫的周杰伦，你更喜欢个人风格鲜明的林俊杰。

我不了解这些细节性的东西，我只知道，若是你喜欢的，一定是好的。

然后我毫不犹豫地用攒了很久的零花钱，买了林俊杰那时最新的专辑。

结账的时候，我恳请收银员帮我好好包装这张唱片，半透明的银色玻璃纸和金色的蝴蝶结，让这张《JJ陆》变得更加耀眼起来。

我开始期待着你拆开包装时的样子。

只不过连续半个月，那张唱片一直压在我书包的最下面。曾经有无数次的机会横在我的眼前，我却没有伸出手的勇气。

每天我都是最早抵达教室、同时也是最晚离开教室的那个人，可是却没能够将那张包装得漂漂亮亮的唱片，放在你的书桌里。

我们之间交流甚少，甚至可以说是完全没有，我对你的了解，绝大部分竟然都来自于闺密分享给我的八卦。

后来，无论我是否能够鼓起勇气，都没有了将礼物送到你手里的机会。

后来，听说你参加了某个电视台的选拔赛。

后来，听说你飞到韩国去做了练习生。

后来，就再也没有听说过后来了。

收到这些消息之后，我心情郁卒地将自己关在卧室里，将书包里被各科教材压在最底下的《JJ陆》翻出来，放在电脑里，戴上了耳麦。

不知怎的，向来音乐细胞为零的我，突然从林俊杰的歌声里听出了与众不同的味道。

过了一会儿，耳麦里传出林俊杰和蔡卓妍合唱的那首《小酒窝》。之后的一年里，这首歌风靡全国，街头巷尾都在传唱着它，我走在路边，无数次听见林俊杰那句：小酒窝，长睫毛，是你最美的记号；我每天睡不着，想念你的微笑……

而现在，我将唱片塑料壳上的灰尘轻轻擦拭掉，然后将那张光盘放入笔记本电脑的驱动中，再次戴上耳麦，播放到《小酒窝》的时候，不知不觉泪流满面。

年少时那些不曾对任何人言语过的悸动再一次浮上心头，酸涩的暗恋在每一次勇气挣扎的衬托下，显得弥足珍贵。

而那些曾经的怦然心动，也将随着这张唱片的老去，永远留存在我记忆的书架里。

从你的全世界错过

夕小白

《从你的全世界路过》在十一上映了,有的人对幺鸡的孤独感同身受,有的人为了燕子和猪头的爱情落泪,有的人因茅十八的浪漫表白感动,我的视线如同一道光落在陈末身上,不是因为邓超,而是他电台DJ的身份。

如果问你最奇葩的交友经历,你会想到谁?我从未想过自己会和一个电台DJ成为朋友。他叫小新,是山东电台城市之音里的DJ,他守护的那块天地叫城市夜未央。

2008年,在认识小新之前我就开通了博客,博客里有很多故事也有很多梦,故事在发生,有人在织梦。一切都像注定的一样,那是一个六点钟的晚饭时间,我爸随手拧开了收音机,在那天之前,桌上的收音机就像个摆设,在那天之后,晚饭时候拧开收音机成了我的习惯。小新带有磁性的声音就那样飘了出来,那时候还没有夜未央,小新只负责在一天的晚间六点到八点出现。第一次邂逅小新的声音,只觉得很特别,他的声音像裹着重感冒的鼻音,却压不住音质的磁性。"我是小新,新是新年新旧的新,中间没有空格,你可以来我的新浪博客下留言。"

与陈末和幺鸡不同,我和小新的交流,是我在博客下面给他写留言,然后他读出来,有感而发他就说上几句。几条留言之后,他的声音隐退到音乐后面,一首歌接一首歌地放。读留言、放歌就是小新两个小时的所有工作。

最开始听的几天里,只觉得他声音很特别,甚至有些迷人。有一天的晚饭前,我正在刷博客,顺手点开了小新的博客,留下了一句不痛不痒的问候。父母喊了我几声,便提前开动了,收音机里突然冒出来一句:"六个人的天空留言说……"我来不及找拖鞋,赤着脚跑向餐桌,把耳朵凑近收音机,听小新一个字一个字读我的留言,很美妙的感觉。读完以后,他还说了一句:"看来是位新朋友。"伴着好心情,那顿饭我破天荒吃了一个馒头。

从此给小新写留言成了习惯,他也从未辜负我的等待,每一条都会读。当过度地关注一个人的时候,就会产生他待你同别人不一样的错觉,有些人的留言小新只是读了,而我的每一条,他都会作一两句感慨,有时甚至会缀上爽朗的笑声。

这种类似"约会"的交流方式,没持续多久,就被我妈打断了。初中最重要的事情还是为了中考,每天晚上六点到八点的黄金写作业时间,戴着耳机边听广播边写作业,效率和正确率都直线下降。最后和我妈达成一致,每天只能在晚饭时候听半个小时,从放学到家的五点四十到六点半就成了一场博弈。

到家来不及放下书包脱下鞋,就跑去开电脑,给小新写下放学想了一路的那句话,才去忙别的事情。矫情的我,不愿意为了增加概率而多留几句,无论长短都是经过深思熟虑的一句话。六点准时扭开收音机,祈祷在六点半以前,小新就能够读我的留言。如果实现了,就会很开心地去写作业。

初二升初三前,因为地理、生物会考,每晚都要去补习功课,和小新就突然断了联系,但提前记下了小新工作的地址和邮编。几个晚上躲在被窝里,用手电筒打着光,写好了一封给小新的信,然后趁着上学,在路上把那封信喂给了邮筒。

没有任何期待,就是想给他写封信,不求任何回报。

结果,我的信居然被在节目里公开读了,还是我们班的一个女生觉得文风很像我，认真听完记下一些内容，第二天找我核实是不是我。惊喜、沮丧各种情绪糅到了一起，没有听到小新读那封信成了最大的遗憾。

上了高中，小新开辟了新栏目，就是城市夜未央，每晚十点到十二点，小新的声音陪我完成作业最后的收尾，陪我安然入睡。那成了一剂减压的药，白天里所有的开心和不开心，到了深夜都会被小新的声音抚平，再大的压力、再艰难的时候，每晚对十点的期待从来不曾变过。

"我希望有个如你一般的人，如山间清爽的风，如古城温暖的光，从清晨到夜晚，从山野到书房，只要最后是你，就好。"这是《从你的全世界路过》中的陈末的开场白。小新也有开场白，虽然换过几期，但我仍旧最喜欢陪伴我走过高中最难时刻的那段："你是在昏黄的路灯下，看自己的身影越拉越长；还是在俗套的电视情节里，回忆自己的感伤。你是在面对安静无比的手机，思念那个曾经熟悉的号码；还是钻进被窝里，跟着一本不太流行的小说一起流浪。你是在看着她熟睡的脸，忍不住亲吻；还是在写字楼里，加班到头昏眼晕。你是刚跟她吵完架，捶胸顿足；还是期盼一家三口幸福的路。"人生百态的生活，饱含着酸甜苦辣，在深夜里，负面情绪总是占多半的。

终于跑出来上大学了，逃掉了高三，离开了父母，告别了小新。出来以后才发现，高中时候的生活很充实，快乐可以很纯粹，再也不能躲进父母的怀抱躲避艰难，小新的声音不再参与我的生活，我也听不到其余人的生活，深夜里多了眼泪和烦躁。

有一天，木子分享给我一首《Long Long Journey》，将近两年未联系，一下子又找到了回忆里共同的话题。高中时候，全班喜欢城市之音的人很多，但喜欢小新的只有我和木子，无意中发现彼此互相怀揣着同样的小秘密，关系一下子拉近了很多。印象里总记得有一次，木子在他喜欢的女孩儿生日那夜，听到小新说晚安前的最后一句话是："今天是一个很特别的人的生日，祝她生日快乐。"一向沉着冷静的他，在深夜给我发了条短信，内容就是小新刚刚说的话。班里一直谣传，他喜欢的女孩儿是我同桌，他从未点头也没否认，那是他唯一一次自己承认了。

我们那年的梦想，是最璀璨的阳光

夏南年

1. 最深的梦想总是埋藏在心里

早上无意中听说这学期是几十年来最短的一学期，于是心不在焉地算了下，惊讶地发现竟然有很多安排。

三个多月以后我要迎接一直都觉得还很遥远的会考，紧接着开始艺考专业课的学习，再过一段时间，便要升为学校最关注的高三学生，开始一场在别人眼中惊心动魄的挑战。

想到这些，我有些失神了，记得初中那年就听别人说，"不参加高考的人都是逃兵。"于是大把大把的情绪弥漫在这个季节的温度里。

距离晚自习结束还有二十分钟的时候，我从本子上撕下一页纸开始给冰淇淋写信。

我承认我的心情很乱，我一厢情愿地以为每个同学都有一条明确的路，只有我没有，还站在原地犹豫地面对选择，面对外界和内心的压力踯躅不前。

其实我不知道这个年纪里是不是每个人都会有这种感觉，只是自己的心里突然含了一片青涩的柠檬，让我对未来有种期待，又对未知的事物存有未知的恐惧。

之后和L逃掉了跑操，我们坐在空荡荡的食堂里聊天，四周弥漫着油腻的味道，L说，"最近我连小说都很少看了，就是这两天，我突然有了一种紧迫感，我真的要好好学习了。你看我寒假刚开始还买了两本练习准备做的，结果到现在还空空如也。"

我想笑一下，掩饰心里别扭的小情绪。L在文科排名前三十，按老师说的最保守的估计，考上一本也足够了，现在她却说了这样的话，让我更加不知所措，"其实我对未来没有什么打算，我就想实在考不好，自己攒钱上个大专也可以。"

"你不是说要学编导的吗？我记得有人讲学艺术四百多分就可以了。"L疑惑。

我絮絮叨叨地解释，大部分有编导专业的学校都很好，要四百五十分以上，我也就四百分的水平，如果最后失败了，只能自己想办法上一个不被很多人认可的学校。

初春的风还带着些许的凉意，我叹了口气又莫名地想微笑，"大概我最后选择的路会跟你们不一样。"

好像在这个时候说到未来，每个人的心里都乱了，却又充斥着一种难以言说的力量和勇气。

2. 既走之则安之

其实生活中不止有对未来的迷茫，还有一些需要我们现在就理解放下的事情，比如昨天，我刚刚结束了一段感情，他说，"我觉得考上一本比谈恋爱重要一些，这些事情现在可以放一放。"

L说感觉那个男生对自己的期望值太高了，而艳玲直言不讳地问我难过吗。

"以前也想过如果分开了情绪会有多失控，没想到现在一点儿都不难过。"这个回答没有丝毫犹豫，我才惊觉，大概在很早之前，我就有预感我们分开了原因会那么简单、干脆。

在心底深处，我清楚地知道我喜欢的人会是那种我曾经最不能理解的人。

我不喜欢听凭老师的话，他一定会按老师的要求办事；我会花大把时间看各种各样的书，听很多人的故事，用心写一些哪怕在别人眼中一文不值自己却觉得弥足珍贵的文字，他一定可以为了学习放弃哪怕自己的梦想；我不喜欢对自己要求太高，我觉得那样压力很大反而做不好事情，而他则是压迫越大越有动力。

对于这些，他百分之百符合。我们像不同内容的磁带被分成了AB面，绞带时不小心遇见，之后让各自更加能够认清自己。这是成长必不可少的事情，我觉得自己没理由难过。

3. 我和我最后的倔强

从小到大妈妈都说我倔强，认定的事不会改变，而我只想说，有时候我的一些想法确实很单纯，但这几年我能坚持下来，也是因为我尝到了不少甜头。

我记得十五岁时，我拿着一家儿童杂志的几本样刊，心血来潮地问父母，"你们小时候在看这本杂志的时候有没有想到将来会有一个孩子在上面发表了文章？"心里满是幸福。

我记得十六岁时，某天前排的女生突然转过头对我说，"我觉得你们这些为梦想努力的人会发光。"我悄悄藏起了激动。

我记得十七岁时，一个我没什么印象的女生突然在我的空间里评论说"那篇《给W先生的五封信》是我闺密印象最深的一篇文，虽然很久了，但一直都是，后来她还模仿着写过，我都笑死了"的时候，我欢呼雀跃的心情。

很早之前我就说过，如果能在某个陌生的地方有个陌生的人记得我的存在，便是我最幸福的事情。

现在，我想自己已经实现了这个小小的愿望，这是几年来，我送给自己最好的礼物。

　　妈妈说她为我操碎了心，问我为什么不能像别人家的孩子那样认真学习，把所有的东西都放一放。我没有回答，我觉得我的答案他们大概不能接受。

　　我只是觉得自己拥有的其实很少，我想在适合自己的方面多努力一点儿，寻找到存在感和信心，那样我会更快乐。而让我犹豫的两条道路里，却没有他们所期望的、以高分考到一个任何人听都能赢来羡慕惊叹的大学。

　　我所理解的生活，就是做自己喜欢的事情，不强迫自己，让自己充满正能量，过得红红火火，脸上永远离不开笑容。

　　其实我也有认真抄完每一本书的笔记，认真背完那些单词，但不喜欢的事情我就是不能完成得很好，就像小时候学琴学得很快，弹得很熟练却老是缺乏感情。

　　我知道每个人都要走一条属于自己的路，无论如何躲避不了，所以说完了那么多心事，我会跟自己说加油，你要义无反顾大胆地走属于自己的那条路。

　　就像这段时间脑海中循环的那几句歌词，"我们那年的梦想，璀璨得就像最新鲜的阳光，我们那年的梦想，连眼泪都会闪闪发光，我们就是光芒，我们就是勇气，我们要在很多年以后还要记得当年的自己，做过的梦仰望过的星空，都会成为青春最美的记忆，写过的歌弹过的琴，都会成为人生最大的奇迹。"

　　所以我想啊，不管你想要走的是哪一条路，都义无反顾地走下去吧，只要能在很多年后记得当年闪闪发光的自己。

秘密埋进湖心岛

小 桐

"二十年后，我们凑齐十个人以上，就去岛上把坛子挖出来。"

窗外的知了在不停地叫着，夕阳已经钻进绯红的云朵中，风扇叶忙碌地工作着，嗡嗡作响，而我却难得地有着一份考试过后的心平气和。我望着远处的湖水，仿佛心还在紧张地跳动。我要感谢这场毕业旅行，不仅还了我整个三年的浪漫，也有值得我怀念一辈子的回忆。

毕业旅行选在家乡的湖边，静幽的湖水里映着叠翠的山，我们租用岸边的公寓，一行人就在这里狂欢、散场。所有的行程都是班长郭潇彬安排的，从我和这五十人相遇的第一天起，我便觉得他与众不同。

他有着一口整洁的小白牙，挺拔的鼻梁，精致的眉眼，特别阳光。我爱看他的每一个样子，他在运动场上奔跑挥汗如雨的样子，他认真记录笔记一丝不苟的样子，他和你对视时笑起来的样子，仿佛凝聚了所有的温暖。

温暖的塑胶跑道

他是我们班级的运动健将，我不像别的女生递水、买饭或搀扶来往，但只要他的比赛，我嗓子肯定哑上一周。

高二的一次运动会前夕，他在短跑的时候磕破了腿，脸也擦伤了。同学们涌了上去，把他搀扶到了医院，我只是在人群之中担忧地看着他。我收起他散落的个人物品回到班级，满满的担心，还悄悄地红了眼。后来回来的他满脸的伤，红肿的脸上贴着纱布。他笑着对我说："我毁容了。"我傻兮兮地说："毁容了还这么帅？"他又问我："没人要我了怎么办？"我笑着赶紧走开了，"怎么会没人要你？喜欢你的人很多。"

毕业前夕的两个月，傍晚有个小休，压力大的孩子会在这个时候跑步，挥汗如雨。他身边的女同学不少，但他偶尔会来问问我："小宁，要不要一起去跑步？"

还是一个很普通的傍晚，微风和煦，星光闪耀，他喊我的时候跟来了两个女同学。四个人一起下楼，走到跑道上他竟然弯下腰："快！到我背上来，我背你走。"我毫不犹豫地跳上他的背，不知道是我太轻还是他肌肉太发达，他背着我跑起来都毫不费劲。我趴在他的背上，幸福又温暖，暖得像兄妹，稀有又真实的快乐。

心跳的大冒险

转眼三年过去了，有些话还是深埋在心里。我总能想起和他的第一次对话，一句鼓励，便是三年青春。

那是新生报到不久后的一天晚饭时间，班里只剩我和他，他走过来，"不去吃饭吗？"我注意了很久的他第一次和我交流，我木讷又紧张，"不吃。"他走到我旁边，"其实我觉得咱们班女生你最好看。"相视一笑，我的脸偷偷地红了。

后来我和他便熟悉了一些，再后来几乎是每个星期日自习的课间他都会坐到我旁边，有时候给我带点儿零食，有时候和我聊几句，有的时候甚至问我要不要一起去厕所，平日里一起刷题，冬天喊我一起去接热水，夏天喊我一起去吃雪糕。

我也只是傻笑着，或者像个跟屁虫。

最令我心跳的是毕业后的那个游戏：真心话大冒险。起初我没有参与，我内向又孤僻。他看到我自己坐在一边，热情地喊我："来啊，坐我左边。"

　　大家玩得开心，我也跟着大笑，大家跟着接受各种各样的惩罚，我见到胖男孩儿围着桌子跳肚皮舞，我见到文静的女孩儿唱《热情的沙漠》，我见到最文弱的同学背起全场最壮的同学，但谁都没有班长抽到的那张牌让人胆战心惊。他抽到一张牌——"假装亲吻你左边的人五秒钟"。凝固的空气，不知所措的我，泛起了巨大波澜的心。我左顾右盼装作淡定的样子，还没等我反应过来，他一把抓起我，用两个大拇指挡着我的嘴唇，手捧着我的脸。我承认这是我这辈子到目前为止和男生做过的最亲密、最暧昧的动作了，在大家倒数的五秒中，我心跳得像打架子鼓，脸烫得像铁板茄子。

　　看着眼前的他，究竟是陌生，还是熟悉？

秘密埋在湖心岛

　　班长捧着一个坛子，从我身边走过。"班长，这坛子是干吗用的啊？""腌咸菜。"他笑了起来，还是那么的阳光。我的嘴角也不自觉地上扬。他俯身靠近我，用手给我指了个方向，"你看到对面的小岛了吗？一会儿我们去那里，你就知道坛子干吗用了。"

　　行驶的小船翻起高高的水花，清风拂面而过，他给每个人一张纸和一个密封袋，"每个人给二十年后的自己写一段话。二十年后我们凑齐十个人以上，就去岛上把坛子挖出来。"

　　也许二十年后我早已不在这个城市，也许二十年后我早已忘记了这个小岛上里埋着的坛子，也许二十年后我不会像现在这样懦弱又羞涩，只是现在我要借用二十年后的勇气。

　　我写的是：郭潇彬，我只想和你永远在一起。

　　我们找到一棵大树，树枝上系了个红布条作为标记，男孩儿们拿着借来的铁锹开始挖坑。把这个坛子放在里面，而我的秘密，也将埋在这湖心岛之中，因为太多的不确定，因为太多的自卑，因为太害怕别人的眼光，因为太多太多的牵绊。

从岛上回来的时候，我们一起欢唱，交换纪念品，还去湖边的大广场上放孔明灯。大家纷纷写上自己的愿望。星星点点的火光闪烁在那个清凉的夜空上，大家写了各自的愿望，郭潇彬写的是"金榜题名"，我写的是"张宁一生顺利"。他帮我点火，一起扯着放飞，忽然他给了我一个热情的拥抱，短暂又深刻。

回家的路上，我塞上耳机，乔任梁的《和你在一起》轻柔响起："如果在你明亮的世界里面我只是阴影，如果在你轻柔的嘴角眉间装满了风雨，原谅我实在没有这个勇气对你说一句，我只想和你永远在一起。"

短发·牙套·相机

钟龙熙

由短发引发的一系列笑剧

"好想知道你留长头发是什么样子啊？"

"不要！我怕会吓到你！"

"你真的打算一直保持短发？还是这么短的短发？"

"除非哪天我突然被洗脑了或者没钱剪头发了。"但不管是前者还是后者可能性都为零。

短发之于我，就如Hello Kitty之于蝴蝶结一般，绝配，不二选。

我短发的年头已不是几个手指头可以算过来的，从小学起爷爷就喜欢把我抓到理发店让师傅给我剪巨帅巨帅的男生头。此后长久以来，也就留过两次长头发而已。

遥想短发当年，昔日窘事历历在目。

有一回和同学去买衣服，在男装那儿多停留了一会儿，然后老板走过来满脸堆笑地说，"小伙子，想要哪件可以试试。"我当场石化，头顶一阵暴风雨席卷而过。

小伙子？他说小伙子！我突然觉得老板该去看看眼科了……站我身旁的同学听完笑得花枝乱颤腰都直不起来，老板还不知道发生了什么。一脸呆萌地看看石化的我，再扭头瞧瞧动如脱兔的同学。

我在心里画了N多个圈圈诅咒老板中年秃顶。

这件事导致的直接后果就是后来的日子里我上学都是绕开那个店走的，实在躲不掉了也要捂脸迅速飘过，生怕那老板又语出惊人唤我一声"小伙子"。

数学老师是个戴老花镜的小老头，眼神不大好使，而且有个不爱点名喜欢直接叫人的怪癖。

有一回上他的课，我在底下埋头奋笔疾书，他在上面滔滔不绝地讲课。突然间，他安静下来，冷不防地说道，"那个，第一组最后那个长头发的男生，不用看了，就是你。上来做一下这道题。"

怎么感觉句句针对我，第一组？最后？我用探询的眼光看向他，用手指着自己，他微微颔首回应我。

那笃定的目光就像警察叔叔看犯罪嫌疑人时眼里写着"不用说了凶手就是你"一样。

我迟疑着站起来，惹得全班哄堂大笑，寒风凛冽拂过我石化的躯体。纵然有千般不愿最后我还是认命般垂头拖沓着不情不愿的步伐走上讲台。

老师，我谢谢你，赐予我这么好听的一个外号"长头发的男生"。 嗯，你认为我会告诉你，班里的同学拿这件事笑了我整整一个月，大老远见着我就扯着嗓门用极具魔性妖孽的声音喊"那个长头发的男生……"

每次听到这个我内心是崩溃的拔凉拔凉的……短发怎么了？短发用你家剪刀剪的？

汗，像这样被误会性别的事，从小到大遇过无数次了，倒也麻木了。这全然不能怪我那一头利落的短发，就像贵族气质在某些人身上是与生俱来的，那种男子气概，汉子本性也已经在无形中植根于我的性格。难免叫人误会。

比如说上次，我同学怕鬼，害怕一个人睡，然后叫我去陪她。她的同学看到我后，眼睛瞪得跟金鱼眼似的，忙不迭拉住她劝她打消这个念头。我正纳闷儿她怎么这么反感我和她睡，她给的理由居然是我像个男人似的。

结果更令人大跌眼镜的是我同学一脸不以为然地说，"就是因为她像男的，我才找她的啊，这样晚上睡觉就不用怕了。"我额冒黑线，敢情你这是把我当保镖啊。

这还不算完，放假我去同学家住，结果她家里的人以为她带男朋友回家了。男朋友……

平时也总会有不怕死的家伙在我面前扼腕叹息道，"以你这头风雨不动安如山，雷打不动的短发，两岸猿声啼不住的嗓门，堪比女战士的爷们儿性格，去参加超女走不到最后我跟你姓。"

听罢，我二话不说，默默地爆发了我的小宇宙。往她饱满的天庭来了一记爆栗，她摸着红肿的额头，鼓着包子脸可怜楚楚泪眼汪汪地看着我。

"老子短发省水省电省钱省洗发水，不知多环保呢！"

我短发，乃是所谓青春的一个永久的印记。

十七岁里我可爱又迷人的牙套君

"你kū牙会痛吗？"

"纠正一下读音，是箍牙，不是kū牙。嗯。其实正常来说是痛到那种寝食难安的地步的，但奈何我天生就是要拯救世界于水火之中的人才，风雨中，这点儿痛不算什么……"

"说人话你会死啊？"

我翻白眼。

"箍牙有多久了？"

"去年我生日之时，便是我箍牙之日。"

"一年多啦。不过为什么要拔牙？"

"因为我的思想过于饱满，头脑容不下这么多牙齿。"

"拔牙痛吗？"

"你拔牙拔四颗试试痛不痛？"

我牙齿很整齐，也十分洁白，会发亮的那种白，这样一口牙应该算十分不错的了。然而，若要说有什么不好的，不得不说实在是门牙过于爱抢风头了，不是单纯地突出，是严重向外突出！特别是本人又喜欢仰天大笑，那白花花的牙齿啊（画面自动脑补）……小学的时候甚至有一个女同学偷偷写封信跟我说觉得我的牙齿像龅牙……欸，只是有点儿突出好不好！我牙齿还是很整齐的，你听我解释。

关于牙套。其实我很小的时候就想戴了，但是又害怕，害怕戴牙套会被人取笑，会被人当作异类。在我眼里，成排钢丝的牙套就像是机器人的零件，冰冷又丑陋。

明明知道蝴蝶在没有学会飞翔之前都要作茧自缚方能化蛹成蝶。可我就是不乐意去打破自己思想的樊篱，宁可像鸵鸟一样躲避。就像我的针尖恐惧症一样，明明知道只是像蚊子叮咬那般微痛罢了，还是会不可抑制地害怕，逃避，胡思乱想。

于是我一直拖到高二才能坦然地箍牙。虽然牙套真的很丑，我还是会大大方方地笑，露出我的牙齿以及亮瞎眼的牙套。

戴牙套其实并没有人们想象中轻松，戴之前要拔牙，要做模板，这些都要对你的口腔进行高强度的扩充。戴上以后更恐怖，满口牙的牙根都会松掉，那天晚上你就会深切体会到"牙痛不是病，痛起来要人命"这句话的含义。然后接下来的一整个星期里，除了流食和水，你和所有美食都成路人了。比粥稍硬一点儿的东西放进嘴里都能痛得你嗷嗷大叫，痛得直跺脚。

往后的日子里更是没办法吃整个的水果了，必须切成一小块一小块才敢放进嘴里用大牙咀嚼。两个星期去复查一次牙齿成了我逃不过的劫难。言重了,其实我很享受那种牙痛的感觉。牙龈处向大脑传输疼痛的信号,像是在随时提醒着我的存在,让我的大脑时刻保持清醒。

别人问我怎么做数学题的速度变快了,我深藏功与名地惊鸿一笑,滑稽地露出我的牙套——因为我箍牙了,牙龈连接的神经促进了大脑的运转。

莉香给我一个白眼。我就静静地看着你一本正经地胡说八道。

欸!你给我解释清楚,谁胡说八道了?我只不过是睁眼说瞎话而已。

我的十七岁里,出现了一个冰冷又可爱的家伙,它让我换牙刷的周期由三个月直接缩短为一个月,它在我早午晚读任意一个读书或者说话甚至大笑的时刻无意刮破我的嘴皮,它让我驻足在货物架前再三确认牙膏里固齿的成分,它让我疯狂地刷牙每天三餐后强迫自己至少要漱口,它让我不由自主地拿起镜子龇牙咧嘴一遍一遍不厌其烦地审视它。

它就是我可爱又迷人的牙套啊。

牙套君的太阳光对着我心头的冬天微笑着,从不怀疑它春天的花朵。

不会摄影的画家不是好作家

"我在二手网上买了一个可以拍行星的相机。"

"然后呢?"

"我付款了,她说第二天给我发货,结果……睡了一觉以后她可能突然发现自己很舍不得她的相机吧。于是她反悔了。"

……

"后来我又看中了另一部索尼的。"

"贵吗?"

"本来价格适中,我觉得自己赚到了。"

"结果她又反悔了?"

"不是。这个卖家可能手头紧了吧,她突然提出要在原来的基础上再加一百块,而且邮费自理。"

"你就是一个大写的'衰'。"

可能最好的总留在最后吧,虽然前两次的购买经历都不是那么顺利。但事不过三,我即便衰,也不会一直背下去,于是,第三次我终于买到了一部价格亲民,像素在1400万左右的佳能相机。

佳能小朋友是那种墨色的黑,体型不大,属于卡片机中一枚微胖的小伙儿。整体没有任何伤痕,看来被原来的主人照顾得很好。不过有些沉,挂在我脖子上不用手托着相当于自毁颈椎。在起名字方面,我凭着它黑色这个特质,在中草药名上钦点了"京墨"二字,拉风吧?

入手以后,我花了一个中午的时间摸索清楚怎么操作,下午一放学就把相机挂在脖子上拖着明日菜一同前往拍照圣地——后岭操场。黄昏,楼梯,青草,三角梅,这些就成了我"新宠"里的背景,勾勒出一个惬意的黄昏后。

但是相机成像过程中我发现了一个两极分化的现象,每个抓拍的瞬间都美得惊为天人,而刻意摆拍的都不幸沦落为"删除"选项。果然还是李白同学所言"清水出芙蓉,天然去雕饰"深得我心。

模特不美?没关系啊,正好考验摄影师的功底,凭我过硬的技术,过人的胆识,化繁为简,捕捉美的刹那好了,管你繁不繁华。

于是我整理出了一套"摄影之不要脸论"教入门摄友正视模特不上镜这个问题,书中涉及教你如何拍背影,拍眼睛,拍腿,拍头顶,拍侧颜……千言万语终归一句,不拍脸一切好说。

当然,该言论仅供娱乐,毫无权威性可言,同学们当笑话听听就过了啊。

喜欢上摄影的原因很简单,我希望每年都可以和家里人照一张美美的全家福,这是我对自己的承诺。当然,也有体内的文艺细胞活跃的因素,俗话说得好,不会摄影的画家不是好作家!我想在一个酽酽的黄昏,带着我的相机,踩着厚实的落叶,穿过一片小树林,静静地享受着酡红如醉的夕阳。笑意在嘴边绽放，开放出灿烂的青春，用脚步丈量世界。

我的呼唤"呵，在哪儿呢？"融化在夏日的暑气里，和相机保证的回答"我在这里！"的洪流，一同泛滥了全世界。